薛颠武學录

上卷

形意拳术讲义
象形拳法真诠
灵空禅师点穴秘诀
五行拳

薛颠——著

山西出版传媒集团
山西科学技术出版社

图书在版编目（CIP）数据

薛颠武学录.（上卷）/ 薛颠著. — 太原：山西科学技术出版社, 2024.8
ISBN 978-7-5377-6324-0

Ⅰ. ①薛… Ⅱ. ①薛… Ⅲ. ①武术 - 研究 - 中国 Ⅳ. ①G852

中国国家版本馆CIP数据核字（2023）第 183963 号

薛颠武学录（上卷）
XUEDIAN WUXUE LU（SHANGJUAN）

出 版 人：阎文凯
著　　者：薛　颠
版本提供：王占伟
策划编辑：冉宏伟
责任编辑：冉宏伟
封面设计：吕雁军

出版发行：山西出版传媒集团 · 山西科学技术出版社
地　　址：太原市建设南路 21 号　邮编：030012
编辑部电话：0351-4922134　0351-4922107
发行电话：0351-4922121
经　　销：各地新华书店
印　　刷：山西新华印业有限公司
网　　址：www. sxkxjscbs. com
微　　信：sxkjcbs

开　　本：880mm×1230mm　1/32
印　　张：17. 25
字　　数：318 千字
版　　次：2024 年 8 月第 1 版
印　　次：2024 年 8 月山西第 1 次印刷

书　　号：ISBN 978-7-5377-6324-0
定　　价：52. 00 元

本社常年法律顾问：王葆珂

出版说明

本书影印的目的，旨在供各界武术爱好者鉴赏、研习和参考，以达弘扬国术、保存国粹，俾后学不失真传而已。

原书为民国时期的刊本，作者是民国时期的一位武术大家。他遵从前人苦心孤诣遗留之术，恐久而湮没，故集数十年习武之心得，公之于世。此书内容丰富，树义精当，文字浅显，解释详明，并且附有动作图片，实乃学习者空前之佳本。

原书有一些涂抹之处，并不完全正确，恐为收藏者之笔墨。因为着墨甚深，不易恢复，并且尚有部分参考价值，故暂存其旧。另有个别字，疑为错误，因存其真，未敢遽改。我们只对有显著错误之处和版面上的墨点等，做了一些修改的工作；对缺少目录和编排不当的部分，我们根据内容进行了加工、调整，使其更具合理性和可读性。有个别原始版本，由于出版时间较早，保存时间较长，存在残页和短页的现象，虽经多方努力，仍没有办法补全，所幸，就全书的整体而言，其收藏、参考、学习价值并没有受到太大的影响。希望有收藏完整者鼎力补全，以裨益当世和后学，使我中华优秀传统文化承传不息。

为了更加方便广大武术爱好者对老拳谱的研究和阅读，我们对原版本做了一些改进：将书中的文字通篇做了简体字处理；尝试着做了断句，并根据现代人的阅读习惯，将处理后的文字改为横排版，同时，与原版本并行刊印，以便对照阅读。此外，原稿中的图片说明文字，我们加上括号后排在相应位置，这会导致图片和说明文字不在同一页，特此说明。

由于我们水平有限，失误和疏漏之处在所难免，敬请读者予以谅解。

形意拳術講義

编辑者

天津县国术馆教务主任薛颠

編輯者像

編輯者

天津縣國術館教務主任薛顛

炼修并重　仁勇且智

徐永昌　题

鍊備並重

仁勇且智

徐永昌题

《形意拳术讲义》序

吾国以积弱不振受侮列强，其原因固非一端，而国人轻视体育，忽于运动，盖亦致病之由。拳术者，中华固有之国粹、最良之体育运动法也。昔管子重拳勇、齐人隆技击，拳术之兴，夐乎尚已。降及隋唐，少林派出，外家始盛，说者谓太宗之平王世充，昙宗等亦与有力焉。迨至宋时，而张三丰以绝技名世，内家祖之。明代则张松溪为最著，而陈元赟乃传其术于扶桑，彼日本之所谓柔术、武士道者，皆吾国拳术之流派也。迩年张子岷、李芳宸诸先生懔国势之凌夷，悯国术之衰微，力加提倡，特立专馆，各省闻风兴起者颇不乏人，而河北省国术馆亦早成立。惟自来精斯道者，传授心法多属，而命承学之士钻仰为难。今束鹿薛君以国术之名家，阐师传之秘奥，编为讲义，解以详图，俾学者得以研究科学之方法，领悟其中之妙用，较诸般刺蜜谛之易筋经与夫前人之

形意拳術講義序

吾國以積弱不振受侮列强其原因固非一端而國人輕視體育忽於運動蓋亦致病之由拳術者中華固有之國粹最良之體育運動法也昔管子重拳勇齊人隆技擊拳術之興夐乎尚已降及隋唐少林派出外家始盛說者謂太宗之平王世充曇宗等亦與有力焉迨至宋時而張三豐以絕技名世內家剏之明代則張松溪爲最著而陳元贇乃傳其術於扶桑彼日本之所謂柔術武士道者皆吾國拳術之流派也邇年張子岷李芳宸諸先生憬國勢之凌夷憫國術之衰微力加提倡特立專館各省聞風興起者頗不乏人而河北省國術館亦早成立惟自來精斯道者傳授心法多屬面命承學之士鑽仰爲難今來鹿薛君以國術之名家闡師傳之秘奥編爲講義解以詳圖俾學者得以研究科學之方法領悟其中之妙用較諸般剌密諦之譯易筋經與夫前人之

著内功图说者，亦何多让！吾知付梓后，其有裨于体育而可以强国者必非浅鲜，宁仅个人健身之助而已哉！惜作义于国术未窥门径，扣槃扪烛之谈，固知其无当于要旨也，是为序。

中华民国十八年十月

荣河傅作义叙于天津警备司令部

著內功闡說者亦何多讓吾知付梓後其有裨於體育而可以強國者必非淺鮮豬僅個人健身之助而已哉惜作義於國術未窺門徑扣槃捫燭之談固知其無當於要旨也是爲序

中華民國十八年十月欒河傅作義敘於天津警備司令部

真精气神

李服膺　题

真精氣神

李服膺題

《形意拳术讲义》序言

龙门《史记》特传游侠。游侠者流，盖出于墨家之兼爱。兼爱以仁，游侠以武，其相反而实相成者，犹孔氏之勇生于仁，佛氏之大雄无畏生于慈悲也。自韩非以犯禁讥游侠，于是汉代朱家、郭解之俦，悉以鸣不平罹当世法吏之文网。而所谓搢绅（点校：同“缙绅”）先生者流，群囿于规行矩步之中，动以击剑扛鼎之术为卑，卑不足道。至习其术者，亦顿忘其所自，变本加厉，下之浪迹江湖，苟藉鬻技以求活；上焉者，适激于一人意气之私，辄不惜昂藏七尺，快报复而干禁例。盖自海禁大开以来，中土游侠之风渐趋衰歇。而所谓东方广博雄武之民族地位，亦遂侪印缅而偶韩越，几于销失尽矣。薛子国兴以所著《形意拳术讲义》示予且请序，予于斯无能为，惟读其自序，有素慕朱家、郭解之遗风一语，朱家、郭解，《游侠传》首出也，薛子以是自期，其殆知道者矣，抑吾重有感焉！国于天地必有

形意拳術講義序言

龍門史記特傳游俠游俠者流蓋出於墨家之兼愛兼愛以仁游俠以武其相反而寔相成者猶孔氏之勇生於仁佛氏之大雄無畏生於慈悲也自韓非以犯禁譏游俠於是漢代朱家郭解之儔悉以鳴不平罹當世法吏之文網而所謂搢紳先生者流羣囿於規行矩步之中動以擊劍扛鼎之術爲卑卑不足道至習其術者亦頓忘其所自變本加厲下之浪迹江湖苟藉鬻技以求活上焉者適激於一人意氣之私輒不惜昂藏七尺快報復而干禁例蓋自海禁大開以來中土游俠之風漸趨衰歇而所謂東方廣博雄武之民族地位亦遂儕印緬而偶韓越幾於銷失盡矣薛子國興以所著形意拳術講義示予且請序予於斯無能爲役惟讀其自序有素慕朱家郭解之遺風一語朱家郭解游俠傳首出也薛子以是自期其殆知道者矣抑吾重有感焉國於天地必有

兴立，蕞尔东瀛，以崇尚武士道崛起；病夫突厥以尊奉伊斯兰中兴。吾国民族地位之衰落，悲于民族精神之消失，本党总理孙先生力主恢复吾国民族固有之精神，以恢复民族地位，卓识伟见，名论不磨。至所谓民族固有之精神，曰忠孝，曰仁爱，曰信义，曰和平，游侠之重然诺，本兼爱，殆亦其所不遗者也。薛子之为是书，愿以之为恢复民族地位之佽助，勿以之为博取一人声誉之筌蹄，尤愿读是书者，勿使习其技擅其术，为私人快恩仇罹难法网，甚或堕于江湖鬻技之流，贻达者之非笑，招外人之讥侮，是则予之所深望也夫。

黄岗曾延毅序于天津特别市公安局

功立我術東瀛以崇尚武士道崛起病夫突厥以尊奉伊斯蘭中興吾國民族地位之衰落基於民族精神之銷失本黨總理孫先生力主恢復吾國民族固有之精神以恢復民族地位卓識偉見名論不磨至所謂民族固有之精神曰忠孝曰仁愛曰信義曰和平游俠之重然諾本兼愛殆亦其所不遺者也薛子之為是書蓋以之為恢復民族地位之佽助勿以之為博取一人聲譽之筌蹄尤願讀是書者勿使習其技擅其術為私人快恩讐罹法網甚或墮於江湖賣技之流貽達者之非笑招外人之譏侮是則予之所深望也夫黃岡曾延毅序於天津特別市公安局

中央国术馆副馆长　李景林

中央國術館副館長李景林

中央國術館副館長像

自强不息

贺芝生　题

形意术讲义序

自彊不息

贺 ㄨ 聖 題

《形意拳术讲义》叙

古者大学之教，春夏学干戈，秋冬习羽籥，凡以节宣其志气，调剂其刚柔，文武之道，一弛一张，不可偏废也。拳经之作，始自达摩，传者有易筋、洗髓诸篇，岳武穆又增易骨篇，其后张三丰者，亦精其道，世称少林、武当为拳家内外二宗。拳之为术，其粗者求之于血气，其精者求之于神明，形不离意，意不离形，此形意拳之所以名也。学者因意以求形，因形以求意，得之于心，应之于手，斯可以为老斲轮矣。泰西今言三育，吾国古称六艺。礼乐者，德育之。

形意拳術講義敘

古者大學之教春夏學干戈秋冬習羽籥凡以節宣其志氣調劑其剛柔文武之道一弛一張不可偏廢也拳經之作始自達摩傳者有易筋洗髓諸篇岳武穆又增易骨篇其後張三丰者亦精其道世傳少林武當為拳家內外二宗拳之為術其麤者求之於血氣其精者求之於神明形不離意意不離形此形意拳之所以名也學者因意以求形因形以求意得之於心應之於手斯可以為老斲輪矣泰西今言三育吾國古稱六藝禮樂者德育之

事也；射御者，体育之事也；书数者，智育之事也。后世既分文武为二科，又重文而轻武，儒者方劳神敝精于八比帖括之学，以雍容雅步为贤，固不屑留意于技击；武科功令徂取弓刀石及骑步射，亦不足以窥拳术之堂奥；而方外之士，习以自卫，且以嘘噏吐纳、熊经鸟申为养生助道之具，秘不轻言；至江湖游侠之徒，亦各有师承，久之亦渐失其真。求能深造有得、因技而进乎道者，难乎其选矣！有造育人才之责，不为之倡率，明立课程，而草泽之间，转相授受，以为秘术。其弊也，勇于私斗怯于公战，遂以好勇斗狠为世诟病，

事也射御之術肖之古也書數者所肖之事
也後世既分文武為二科以右文而抑武儒者
方勞神敝精於八比帖括之學以雍容雅步為
賢固不屑留意於技擊武科功令但取弓刀石
及騎步射亦不足以窺拳術之堂奧而方外之
士習以自衛且以噓噏吐納熊經鳥申為養生
助道之具秘不輕言至江湖遊俠之徒亦各有師
承久之亦漸失其真亦能深造有得因技而進乎
道者難乎其選矣有造育人才之責不為之倡率
明立課程而草澤之間轉相授受以為秘術其弊
也勇於私鬥怯於公戰遂以好勇鬥狠為世詬病

此非拳术之过，而国家重文轻武之过也。诚使国家复古大学之法，知有文事者必有武备，则知所谓春夏干戈者，即今之所谓兵势体操也；所谓秋冬羽籥者，即今之所谓柔式体操也；今之学校当列拳术为专科，拳术即精，本根先立，一切枪法剑术，不旬日而可皆通，所谓操本以求末也。古人尝言，非强有力者不能以行礼。行礼犹然，而况于军旅之事乎？吾知拳术之有益于吾国民者，非浅鲜也，故乐薛君之书之成，而为之叙。

中华民国十又八年岁在己巳十月之望

乐寿老人曹锟

此非拳術之過而國家重文輕武之過也誠使國家倣古大學之法知有文事者之必有武備則知所謂春夏干戈者即今之所謂兵勢體操也所謂秋冬羽籥者即今之所謂柔式體操也今之學校當列拳術為專科拳術既精本根先立一切槍法劍術不旬日而可皆通所謂操本以求末也古人嘗言非強有力者不能以行禮行禮猶然而況於軍旅之事乎吾知拳術之有益於吾國民者非淺鮮也故樂薛君之書之成而為之敘

中華民國十有八年歲在己巳十月之望

樂壽老人曹錕

《形意拳术讲义》序

己巳冬，薛君颠以所著《形意拳术讲义》见示，属为之序。余于武术未闻其奥，溯自北居以来，获交李君存义，其为人朴厚刚讷，若无所能，至人有急难，则义形于色，不屈不避，殆古侠义之流欤？因是得闻武

形意拳術講義序

乙巳冬薛君顛以所著形意拳術講義見示屬為之序余於武術未聞其奧溯自北居以來獲交李君存義其為人樸厚剛訥若無所能至人有急難則義形於色不屈不避殆古俠義之流歟因是得聞武

术之原委，有形意、八卦、太极之分，皆传始于达摩，发明于岳武穆、张三丰。至清初，英杰辈出，任侠之风盛行海宇，而燕赵尤多慷慨悲歌之士。及今政府以武术为中华国粹，立国术馆以作其气，各省无不闻风兴起，薛君所著《形意拳术讲义》

術之原委有形意八卦太極之分皆傳始於達摩發明於岳武穆張三丰至清初英傑輩出任俠之風盛行海宇而燕趙尤多慷慨悲歌之士及今政府以武術為中華國粹立國術館以作其氣各省無不聞風興起薛君所著形意拳術講義

绘图立说，以发明前贤不传之真秘，余浏览一周，虽未能窥其精微，惟觉果能至诚不息深造其域，至拳无拳意无意之境，即道法自然之妙，乃能会达摩面壁之真意，岂仅拳术而已哉！是为序。

滇南王人文序于析津遯庐

繪圖立說以發明前賢不傳之秘余瀏覽一周雖未能窺其精微惟覺果能至誠不息深造其域至拳無拳意無意之境即道法自然之妙乃能會達摩面壁之真意豈僅拳術而已哉是爲序

滇南王人文序於析津

逸盧

序

我国武术一技，历代传授有人。尝观史籍所载，古侠义者流，其慷慨之风，颇足动人。钦慕如鲁之朱家，汉之郭解，皆以倜傥任侠著名，当代近如张三丰、甘凤池辈，亦名冠一时。考其事迹，良以孝义为先提，迥非江湖滥技持艺于世者同日而语。

盖斯术之有三要：良师、工夫与天资耳。尝观前辈之精于斯技者，长衣缓带，状态雍容，循然若儒者相，是技之不尚气血之勇也，乃其明证。而闻其凤者，能使鄙者宽而薄者敦，乡闾兴廉让之风，社会踵倜傥之迹，足为人世之金鉴。

今我薛师讳颠，近著《形意拳讲义》，探本穷源，立论本乎至理，为形意拳开一曙光。人人手此一篇，如得良师在座，虽不能精通其技，亦足为强体寿世之实筏焉。爰缀数言为序。

民国十八年己巳孟冬

大城吕子光谨序

序

我國武術一技歷代傳授有人嘗觀史籍所載古俠義者流其慷慨之風頗足動人欽慕如魯之朱家漢之郭解皆以倜儻任俠著名當代近如張三豐甘鳳池輩亦名冠一時考其事蹟良以孝義爲先提廻非江湖濫技持藝於世者同日而語蓋斯術之有三要良師工夫與天資耳嘗觀前輩之精於斯技者長衣緩帶狀態雍容循循然若儒者相是技之不尚氣血之勇也乃其明証而聞其風者能使鄙者寬而薄者敦鄉閭興廉讓之風社會踵倜儻之跡足爲人世之金鑑今我薛師諱顚近著形意拳講義探本窮源立論本乎至理爲形意拳開一曙光人人手此一篇如得良師之在坐雖不能精通其技亦足爲強體壽世之寶筏焉爰綴數言爲序

民國十八年已巳孟冬大城呂子光謹序

序

形意拳术之始，本乎天地之大端，与夫造化之原理。盖天地之辟于一无炁也，万物之生于无知，形意之成，本于无意。盖无意至极生有意，意诚心正，乃至于静，静则察候六衇（点校：原稿当为衇字之误，衇音 mài，同“脉”），溶煅二气。静极生动，动而震发四肢，贯通百骸，是谓先天存乎静，后天藏诸动也，故意为体而形为用，静属阴而动属阳。体运动静，得阴阳消长生生之功，而真一之气生焉。孔子曰：冬至养其阳，夏至养其阴。孟子曰：吾善养吾浩然之气。此皆修养正气之谓也。盖形意拳之原理，则培养天一之道，由后天而达于先天也。重阳不重阴，太刚必折；重阴不重阳，过柔不坚。刚柔相济，乾坤之道乃成。

古之传斯术者，多以心法口授，缺少记载，使后学茫然不知途径。己巳夏余客津门，值薛师颠公著《形意拳讲义》一书，使佐其成。余曾进纾（点校：“纾”通“抒”）蒭（点校：同“刍”）意以罄管见，自夏徂冬，编纂始竣。深望学者，愿作探本求源之道，须

序

形意拳術之始本乎天地之大端與夫造化之原理蓋天地之闢於一無兆也萬物之生於無知形意之成本於無意蓋無意至極生有意意誠心正乃至於靜靜則察候六瓤溶煅二氣靜極生動動而震發四肢貫通百骸是謂先天存乎靜後天藏諸動也故意爲體而形爲用靜屬陰而動屬陽體運動靜得陰陽消長生生之功而眞一之氣生焉孔子曰冬至養其陽夏至養其陰孟子曰吾善養吾浩然之氣此皆修養正氣之謂也蓋形意拳之原理則培養天一之道由後天而達於先天也重陽不重陰太剛必折重陰不重陽過柔不堅剛柔相濟乾坤之道乃成古之傳斯術者多以心法口授缺少記載使後學茫然不知途徑已巳夏余客津門値薛師顛公著形意拳講義一書使佐其成余曾進紓蒭意以罄管見丁夏徂冬編纂始竣深望學者願作探本求源之道須

以涵养正气为先要，庶不背斯术之本旨。谨贡数言，以为之序。

民国十八年己巳孟冬

平定戬卿赵汝励谨序

以涵養正氣爲先要庶不背斯術之本旨謹貢數言以爲之序

民國十八年已巳孟冬平定硪卿趙汝勵謹序

序

拳技一门有内外两家之分。世人尝云：外家祖，达摩祖师，曰少林派；内家祖，张三丰，先生曰：武当派。考其真理，名殊而源同。其所为拳之用劲，不外乎形与意。形与外者为形，蕴于内者为意，故有形意拳之名。世人不察，以为外家主刚，内家主柔。乌知刚柔不可偏重，且亦未尝须臾离也。

吾国拳术发明最早，历代世有传人，然皆口传心授，隐秘其法，不以著书传后人。讲武术者，莫不宗其所传，浅俗歌诀记之，不能详其理法。然习之者多不能尽其术，且传者又多秘其要法，言术而不言理，后学更无从问津矣。吾友薛君，精技术，视此传法年久必当失传，因著《形意拳术讲义》注及图解，以饷同志。详其动作，志其应用。而于五拳十二形之练法尤为重视。此书出而慕形意拳者，得有途辙，真空前绝后之作也。读者，苟能悉心体会，豁然贯通，自不难阶及神明。

余不敏，敢真言不

序

拳技一門有內外兩家之分。世人嘗云。外家祖。達摩祖師。曰少林派。內家祖。張三豐。先生曰。武當派。攷其眞理名殊而源同。其所爲拳之用勁。不外乎形與意。形於外者爲形。蘊於內者爲意。故有形意拳之名。世人不察。以爲外家主剛。內家主柔。烏知剛柔不可偏重。且亦未嘗須臾離也。吾國拳術發明最早。歷代世有傳人。然皆口傳心授。隱秘其法。不以著書傳後人。講武術者。莫不宗其所傳。淺俗歌訣記之不能詳其理法。然習之者多不能盡其術。且傳者又多秘其要法。言術而不言理。後學更無從問津矣。吾友薛君。精技術。視此傳法年久必當失傳。因著形意拳術講義。註及圖解。以餉同志。詳其動作。誌其應用。而於五拳十二形之練法。尤爲重視。此書出而慕形意拳者。得有塗轍。眞空前絕後之作也。讀者。苟能悉心體會。豁然貫通。自不難階及神明。余不敏敢眞言不责，对一斯术未窥门径，略赘数言而矣。

民国十八年岁次己巳中秋

热河卢文熼序

貢。對於斯術未窺門徑。略贅數言而矣。

民國十八年歲次已巳中秋熱河盧文熯序

序

溯自海禁开放，欧风东渐，国人多舍其固有之国技，而求泰西之运动，以致精奥之国技，反而中隐，良可叹也。苟欲得健全之精神，必先有健全之身体；欲求身体之强健，厥惟国技是赖。国技之种类繁多，形意拳其最著者也。

吾师薛国兴先生，总角习武，历经名师，从李振邦先生习形意，得其真传，凡教返同人，无不悉心指导，不惮烦劳，以提倡国技，强国强种为己任，惧初学之无指证，故著此书，寿我同志，功非浅鲜，诚体育之实筏也。

谨书数语，以志铭感。

衡水崔占斌谨序

形意拳術講義序

溯自海禁開放歐風東漸國人多捨其固有之國技而求泰西之運動以致精奥之國技反而中隱良可嘆也苟欲得健全之精神必先有健全之身體欲求身體之强健厥惟國技是賴國技之種類繁多形意拳其最著者也吾師

薛國興先生總角習武歷經名師從李振邦先生習形意得其眞傳凡教授同人無不悉心指導不憚煩勞以提倡國技强國强種爲己任懼初學之無指證故著此書壽我同志功非淺鮮誠體育之寶筏也謹書數語以誌銘感

衡水崔占斌謹序

序

夫技也，何以生，生于人之智。天地变端，万物莫测，龙之行云，虎之御风，凤翔岐山，鹤唳长空，莫非技也？襄达摩老祖之五禽、心意等禅功，皆相禽兽之形而始得。迨宋岳鄂王，复精研之，而易名曰形意。

清季，吾乡戴先生精是拳，后传直隶深州李老能先生，而盛行于直隶。渊虽不敏，然慕形意之真传久矣，今岁至津，得列薛国兴先生门墙，始得知形意之真意。薛先生之习形意也，师事李老能之孙李振邦先生，故所传弥真，恐后学之误入歧途也，故将所学著为书，以鸣于世。其殷殷诱掖之心，诚自古所罕见。尚望学者，用心求之，庶不负著者之苦心也。

山西祁县郭仰渊拜撰

序

夫技也何以生生於人之智天地變端萬物莫測龍之行雲虎之御風鳳翔岐山鶴唳長空莫非技也曩達摩老祖之五禽心意等禪功皆相禽獸之形而始得迨宋岳鄂王復精研之而易名曰形意淸季吾鄉戴先生精是拳後傳直隸深州李老能先生而盛行於直隸淵雖不敏然慕形意之眞傳久矣今歲至津得列薛國興先生門牆始得知形意之眞意薛先生之習形意也師事李老能之孫李振邦先生故所傳彌眞恐後學之誤入岐途也故將所學著爲書以鳴於世其殷殷誘掖之心誠自古所罕見尙望學者用心求之庶不負著者之苦心也

山西祁縣 郭仰淵拜撰

序

吾国武术，昌明于战国，至明清而大盛，虽有内外家之分，武当少林之别，而提倡体育，激发尚武精神之意则一。惜乎滔滔天下，武人不文，文人不艺，又多私相授受，几无专书，以资考证。虽代有传人，亦皆湮没不彰，诚可慨也。

宋岳忠武王，创造形意拳，备极精妙，为诸拳冠，及乎今世，能者少，精者尤少。吾师薛公颠字国兴，河北束鹿人，任侠好义，精技击之术，独慨民族积弱，国步艰难，民愤为雄，提倡国术，精研形意者凡数十寒暑，得其精奥，阐发玄微，著为一册，以公诸世，嘉惠后学，功至深远。而岳忠武王之苦心，以将以先生之书而永垂不朽矣。书将付梓，谨贡弁言，以志敬慕。

民国十八年十一月

门人武邑李廷俊 宝抵李学志谨序于析津

序

吾國武術昌明於戰國。至明清而大盛。雖有內外家之分。武當少林之別。而提倡體育。激發尚武精神之意則一。惜乎滔滔天下。武人不文。文人不藝。又多私相授受。幾無專書以資考證。雖代有傳人。亦皆湮沒不彰。誠可慨也。宋岳忠武王。創造形意拳。備極精妙。爲諸拳冠。及乎今世。能者少。精者尤少。吾師薛公顛。字國興。河北東鹿人。任俠好義。精技擊之術。獨慨民族積弱。國步艱難。發憤爲雄。提倡國術。精研形意者凡數十寒暑。得其精奧。闡發玄微。著爲一册。以公諸世。嘉惠後學。功至深遠。而岳忠武王之苦心。以將以先生之書而永垂不朽矣。書將付梓。謹貢弁言。以誌敬慕。

民國十八年十一月門人 武邑李廷俊 寶坻李學志 謹序於析津

校阅者

天津县国术馆秘书李学志

校閱者

天津縣國術館秘書李學志

达摩先师面壁图

達摩先師面壁圖
達摩先師面壁圖
二十六

达摩真意

达摩大师传下《易筋》、《洗髓》二经，习之以强壮身体，还人之初生面目，妙用无穷，如天地化育万物之理。拳经之理，即天地之理。又人之性也，亦道家之金丹也。理也，性也，金丹也，形名虽异，其理则一，故久练可以同登圣域，能与天地合其德，与日月合其明，与四时合其序。学者胡不勉力而行之哉。

道经云：

道真窍不真　修道枉劳神
祖师真诀窍　知窍即成真

達摩眞意

達摩大師傳下易筋洗髓二經。習之以强壯身體。還人之初生面目。妙用無窮。如天地化育萬物之理。拳經之理。即天地之理。又人之性也。亦道家之金丹也。理也。性也。金丹也。形名雖異。其理則一。故久練可以同登聖域。能與天地合其德。與日月合其明。與四時合其序。學者胡不勉力而行之哉。

道經云

道眞竅不眞　修道枉勞神

祖師眞訣竅　知竅即成眞

岳武穆先师之像

岳武穆先师之像

岳武穆先師像

二十八

岳忠武王形意拳要诀

形意拳者，乃岳忠武王之所创，是合五纲十二目，统一全体之功用也，取诸于身内，则使全体自强不息，中庸所谓博厚配地，高明配天，悠久无疆是也；取之于外，则使四体百骸，内外合其道，诚者自诚，而道自道也（言似离奇，实习则明）。以拳之应用，则内中之气独能伸缩往来，循环不已，充周其间，视之不见，听之不闻，洁内华外，洋洋流动，上下四方，无所不有，无所不生。至此，拳内真意真劲，诚中形外，而不可掩矣。学者，于此用心，至诚无息，可以至无声无臭之极端矣。

先贤云：拳若练至拳无拳，意无意，无意之中是真意，始达其境矣。

岳忠武王形意拳要訣

形意拳者。乃岳忠武王之所創。是合五綱十二目統一全體之功用也。取諸於身。內則使全體自強不息。中庸所謂博厚配地高明配天悠久無疆是也。取之於外。則使四體百骸內外合其道。誠者自誠。而道自道也。（言似離奇實習則明）以拳之應用則內中之氣獨能伸縮往來。循還不已。充周其間。視之不見。聽之不聞。潔內華外。洋洋流動。上下四方。無所不有。無所不生。至此拳內眞意眞勁誠中形外而不可掩矣。學者於此用心至誠無息。可以至無聲無臭之極端矣。

先賢云　拳若練至拳無拳意無意無意之中是眞意始達其境矣

校阅者
河北省国术馆董事高志仁
天津县国术馆教员张春生

校閱者

河北省國術館董事
高志仁

天津縣國術館教員
張春生

自序

盖夫体育一途，创自达摩大师，名为内经。迨至宋朝，鄂王岳飞，又精研内经之意义，化生五行（金木水火土）、十二形（天地间动物之形）之原理，因名为形意拳，总合五纲十二目，统一全体之功用在内为意，在外为形。是术乃修身之本源，明心见性还原之大道，揽阴阳之造化，转乾坤之枢机，诚强身之捷径也。元明二代，几于失传，至明末清初时，浦东诸冯，姬际可字隆风先生，适终南山，得鄂王内经数编，乃精是术。后传曹继武（康熙己酉科武试三元，供职陕西靖远总镇）先生。先生致仕归里，隐居田园，授徒以娱晚年。山西戴龙邦尽得所传。戴先生再传直隶深县李飞羽先生（世称老能），李先生又传门徒多人。其子太和又传李振邦（李飞羽之孙、李太和之子）薛振纲等。

余幼年失学，天性好交，慕朱家郭解之遗风，喜习武，爱击剑，得侍李振邦、薛振纲二先生为师，从学二十寒暑，微悉门内旨趣。但诸先生

自序

蓋夫體育一途。創自達摩大師。名爲內經。迨至宋朝。鄂王岳飛。又精研內經之意義。化生五行（金木水火土）十二形（天地間動物之形）之原理。因名爲形意拳。總合五綱十二目。統一全體之功用。在內爲意。在外爲形。是術乃修身之本源。明心見性。還原之大道。攬陰陽之造化。轉乾坤之樞機。誠强身之捷徑也。元明二代。幾於失傳。至明末清初時。蒲東諸馮。姬際可字隆風先生。適終南山。得鄂王內經數編。乃精是術。後傳曹繼武（康熙己酉科武試三元供職陝西靖遠總鎮）先生。先生致仕歸里。隱居田園。授徒以娛晚年。山西戴龍邦盡得所傳。戴先生再傳直隸深縣李飛羽先生（世稱老能）。李先生又傳門徒多人。其子太和又傳李振邦（李飛羽之孫李太和之子）。薛振綱等。余幼年失學。天性好交。慕朱家郭解之遺風。喜習武。愛擊劍。得侍李振邦薛振綱二先生爲師。從學二十寒暑。微悉門內旨趣。但諸先生耳提面命之外，未著专书。余恐后之学者，不知形意拳真意，爰不辞固陋，立愿叙述，每势备一图像，附一浅说，表明拳内原理，以及五行十二形之性质、精神、奥妙，再按各拳之形势，编辑成书，以公诸同好，非敢自矜一得。聊以广技击之传耳，实无文法可读，然与吾所学，未敢稍有悖谬。未尽善处，想必不免，尚望明斯理者，随时指正为盼。

耳提面命之外。未著專書。余恐後之學者。不知形意拳眞意。爰不辭固陋。立願敘述。每勢備一圖像。附一淺說。表明拳內原理。以及五行十二形之性質。精神。奧妙。再按各拳之形勢。編輯成書。以公諸同好。非敢自矜。一得。聊以廣技擊之傳耳。實無文法可讀。然與吾所學。未敢稍有悖謬。未盡善處。想必不免。尙望明斯理者。隨時指正爲盼。

凡 例

一、是编拳经讲义及演式，分辑上下两编，提纲挈领，条目井然。按次习之，自能潜通默悟。

二、是编拳经总论三章，首自发明，无极空空静静，自微而显，一变而为炁化形质，与夫阴阳之造化，乾坤之旋转，放之而为天地六合，卷之则退藏于默。拳术之起始，实基于此。

三、是编自无一炁之起源，而发育五行及十二形之真义，并附正面侧面、左右前后之图说，以备学者考其原始。

四、是编次列讲义三章，详解人身之四肢百骸、动静伸曲，内而通乎脏络，外而合于五行，必使体舒气畅，运用自然，始为得体。

五、是编附拳法初学入门及三害等，以备习者有所遵循。

六、是编再次，则排演拳术，自五行拳起，首章劈拳，五章横拳，六章连环，

凡例

一是編拳經講義及演式。分輯上下兩編。提綱挈領。條目井然。按次習之。自能潛通默悟。

一是編拳經總論三章。首自發明無極空空靜靜。自微而顯。一變而爲炁。化形質。與夫陰陽之造化。乾坤之旋轉。放之而爲天地六合。捲之則退藏於默。拳術之起始。實基於此。

一是編自無一炁之起源。而發育五行及十二形之眞義。並附正面側面。左右前後之圖說。以備學者考其原始。

一是編次列講義三章。詳解人身之四肢百骸。動靜伸曲。內而通乎臟絡。外而合於五行。必使體舒氣暢。運用自然。始爲得體。

一是編附拳法初學入門。及三害等。以備習者有所遵循。

一是編再次。則排演拳術。自五行拳起。首章劈拳。五章橫拳。六章連環。

七章五行生克炮拳，为上编。

七、是编列举形意拳术，有单行对舞之要诀。单行者，自身练习也；对舞者，二人互相抟（tuán，点校：疑为“搏”字之误）击也。习之纯熟，自有心得，倘遇敌手，便可运用灵敏。

八、是编列举十二形，实本天地万物化生之理，取世间禽兽之具有特能者，妙效其性能，摹效时久，自能精神入体。

九、是编第一章自龙形演起，至十二章鹰态斗志势终，为下编。

十、是编形意拳术，实与卫生健身关系至切，如能长习，则疾者能愈，弱者可强。男女老少皆可练习，既无折腰屈膝之痛苦，又无跃高纵险之危劳，斗室席地，长衣缓带，亦可演习。虽属武术，迹近文雅。

十一、是编对于军学两界最为合宜，逐日列入课程，较之体操，定能收事半功倍之效。

十二、是编各势皆附一图，并详释身法、步法进退路线，务使学者易于明

凡例　　二

七章五行生尅炮拳。爲上編。

一是編列舉形意拳術。有單行對舞之要訣。單行者。自身練習也。對舞者。二人互相搏擊也。習之純熟。自有心得。倘遇敵手。便可運用靈敏。

一是編列舉十二形。實本天地萬物化生之理。取世間禽獸之具有特能者。妙傚其性能。摹傚時久。自能精神入體。

一是編第一章自龍形演起。至十二章鷹熊鬥志勢終。爲下編。

一是編形義拳術。實與衛生健身關係至切。如能長習則疾者能愈。弱者可強。男女老少皆可練習。既無折腰屈膝之痛苦。又無躍高蹤險之危勞斗室席地。長衣緩帶亦可演習。雖屬武術。跡近文雅。

一是編對於軍學兩界最爲合宜。逐日列入課程。較之體操。定能收事半功倍之效。

一是編各勢皆附一圖。並詳釋身法步法進退路綫。務使學者易於明了。

十三、是编练习时，身手分阴阳，以前心为阴，脊背为阳；手心为阴，手背为阳；以手大母指（点校：同“大拇指”）朝上为阴阳掌；以右肩在前，或左肩在前，皆为阴阳身；拳虎口朝上，为阴阳拳。

十四、是编学者，如按书摹习时久，自能登峰造极；若以己意擅改，则必失之毫厘，差之千里矣。学者且以慎之。

瞭。

一是編練習時。身手分陰陽。以前心爲陰。脊背爲陽。手心爲陰。手背爲陽。以手大母指朝上爲陰陽掌。以右肩在前。或左肩在前。皆爲陰陽身。拳虎口朝上。爲陰陽拳。

一是編學者。如按書摹習時久。自能登峯造極。若以己意擅改。則必失之毫釐。差之千里矣。學者且以愼之。

凡例

勘误表

目录	页数	行数	误刊	更正
拳经曰	六	九	莫在一思存	莫在一思退
第二节	一二	七	三稍	四稍
战手要法	一五	九	要凝神衣气	要凝神聚气
形意摘要	一九	二	彼手已不着	彼手挨不着
太极	二四	十	头项身拗	头面身拗
劈拳路线	二八	七	左足印定右	左足印定左
崩拳回身	三六	三	左拳抑抱	左拳仰抱
躜拳起势	三八	十二	后拳肘进	后拳肘近
炮拳路线	四一	上边	三组	二组
连环拳	五八	三	无名指食指	无名指小指
连还回身	六四	三	左拳抑抱	左拳仰抱
龙形回身	八五	四	左拳抑换	左拳仰抱
虎形路线	八六	上中间	一组	三组
猴形	九八	九	猴形回法	猴形回演
猴形	九九	四	与右手相齐	与右足相齐
鹘形	一三七	上图右	第四节鹘形右落势	第四节鹘形左落势
鹘形	一三七	下图左	第五节鹘形左起势	第五节鹘形右起势
鹘形	一三八	下图	鹘形左回身图	鹰形右转回身图
鹰形	一四二	图	鹰形右转回身图	鹘形左转回身图
鹰形	一四一	二	劲至手心朝上	拧至手向朝上
说明	行数均由右向左计算			

勘誤表

目錄	頁數	行數	誤	更正
拳經曰	六	九	莫在一思存	莫在一思退
第二節	一二	七	三稍	四稍
戰手要法	一五	九	要凝神衣氣	要凝神聚氣
形意摘要	一九	二	彼手已不着	彼手挨不着
太極	二四	十	頭項身拗	頭頂身拗
劈拳路綫	二八	七	左足印字右	左足印字左
崩拳回身	三六	三	左拳抑抱	左拳仰抱
鑽拳起勢	三八	十二	後拳肘進	後拳肘近
炮拳路綫	四一	上邊	三組	二組
連環拳	五八	三	無名指食指	無名指小指
連環回身	六四	三	左拳抑抱	左拳仰抱
龍形回身	八五	四	左拳抑抱	左拳仰抱
虎形路綫	八六	上中間	一組	三組
猴形	九八	九	猴形回法	猴形回演
猴形	九九	四	與右手相齊	與右足相齊
鷂形	一三七	上圖左	第四節鷂形右落勢	第四節鷂形左落勢
鷂形	一三七	下圖左	第五節鷂形左起勢	第五節鷂形右起勢
鷂形	一三八	下圖	鷂形左回身圖	鷹形右轉回身圖
鷹形	一四二	圖	鷹形右轉回身圖	鷂形左轉回身圖
鷹形	一四一	二	勁至手心朝上	彎至手心朝上
說明	行數均由右向左計算			

上编　形意拳术讲义

目 录

上編形意拳術講義

形意拳术目录

形意拳術目錄

五行拳术目录

五行拳術目錄

下编　形意拳术讲义

十二形拳术目录

下編形意拳術講義

十二形拳術目錄

第一章

第一节　五行名称

五行者，金木水火土也，内有五脏，外有五官，皆与五行相配。心属火，肝属木，脾属土，肺属金，肾属水，此五行隐于内也。舌通心，目通肝，鼻通肺，耳通肾，人中通脾，此五行之著于外也。且五行有相生之道，金生水，水生木，木生火，火生土，土生金。又有相克之义，金克木，木克土，土克水，水克火，火克金。五行相生，所为变化无穷；五行相克，取其破他人之手势，盖拳术取名之义基在此矣。取诸于身，则使五脏充实，而全体无亏。运用在外，能使体舒和畅；运用在内，能使清气上升，浊气下降。坚实其内，整饰其外，以为平时练习之规则。

第二节　形体合一

易云：两仪生四象，四象生八卦，八卦生八八六十四卦之数，皆从太极

第一章

第一節　五行名稱

五行者。金木水火土也。內有五臟。外有五官。皆與五行相配。心屬火。肝屬木。脾屬土。肺屬金。腎屬水。此五行隱於內也。舌通心。目通肝。鼻通肺。耳通腎。人中通脾。此五行之著於外也。且五行有相生之道。金生水。水生木。木生火。火生土。土生金。又有相尅之義。金尅木。木尅土。土尅水。水尅火。火尅金。五行相生。所爲變化無窮。五行相尅。取其破他人之手勢。蓋拳術取名之義。基在此矣。取諸於身。則使五臟充寔。而全體無虧。運用在外。能使體舒和暢。運用在內。能使清氣上升。濁氣下降。堅實其內。整飭其外。以爲平時練習之規則。

第二節　形體合一

易云。兩儀生四象。四象生八卦。八卦生八八六十四卦之數。皆從太極分散而来。太极者，天命之性，即人之心意也。意者心之所发也。人为万物之灵，能感通诸事之应，是以心在内，而理周乎物；物在外，而理具于心，是故心意诚于中，而万物形于外。在内为意，在外为形，合于术数。近取诸身内为五行，远取诸物外为十二形，内外相合而形生焉。明乎斯理，则天地万物形体之合一，皆可默悟矣。

第三节　拳经解释

盖夫形意拳术之道理，内有七拳、八字、二总、三毒、五恶、六方、六猛、八要、十目、十一格、十四打法、十六练法、九十一拳、一百零三枪之秘诀。次序述之以标明其义，使学者知其真意焉。

七拳法　头、肩、肘、手、胯、膝、足，共七拳。

八字诀　斩：劈拳。截：攒拳。裹：横拳。胯：崩拳。挑：践拳。燕形。顶：炮拳。云：鼍形拳。领：蛇形拳。

分散而來。太極者。天命之性。即人之心意也。意者心之所發也。人爲萬物之靈。能感通諸事之應。是以心在內而理周乎物。物在外而理具於心。是故心意誠於中。而萬物形於外。在內爲意。在外爲形。合於術數。近取諸身。內爲五行。遠取諸物。外爲十二形。內外相合。而形生焉。明乎斯理。則天地萬物。形體之合一。皆可默悟矣。

第三節　拳經解釋

蓋夫形意拳術之道。理內有七拳。八字。二總。三毒。五惡。六方。六猛。八要。十目。十一格。十四打法。十六練法。九十一拳。一百零三槍之秘訣。次序述之。以標明其義。使學者知其眞意焉。

七拳法　頭。肩。肘。手。胯。膝。足。共七拳。

八字訣　斬。：劈拳。截。：攢拳。裹。：橫拳。胯。：崩拳。挑。：踐拳。燕形。項。：炮拳。雲。：鼉形拳。領。：蛇形拳。

二总法　三拳、三棍，为二总。三拳，是天地人生法无穷。三棍，是天地人生生不已。

三毒法　三拳，三棍，精熟即为三毒。

五恶法　得其五精，即为五恶。

六猛法　六合练成即为六猛。

六方法　内外合一即为六方。

八要法　心定神宁，神宁心安，心安清净，清净无物，无物气行，气行绝象，绝象觉明，觉明则神气相通，万象归根矣。

十目法　即十目所视之意。

十一格法　自七拳格起，至士农工商为十一格。

十四打法　手、肘、肩、胯、膝、足、上下、左右、前后，共十二拳。头为一拳，臀为一拳，共十四拳。名为七拳，故有十四处打法。此十四

二總法　三拳。三棍。爲二總。三拳。是天地人生法無窮。三棍。是天地人生生不已。

三毒法　三拳。三棍。精熟即爲三毒。

五惡法　得其五精。即爲五惡。

六猛法　六合練成即爲六猛。

六方法　內外合一即爲六方。

八要法　心定神寧。神寧心安。心安清淨。清淨無物。無物氣行。氣行絕象。絕象覺明。覺明則神氣相通。萬象歸根矣。

十目法　即十目所視之意。

十一格法　自七拳格起至士農工商爲十一格。

十四打法　手。肘。肩。胯。膝。足。上下左右前後共十二拳。頭爲一拳。臀爲一拳。共十四拳。名爲七拳。故有十四處打法。此十四处打法，变之则有万法，合之则为五行，两仪仍归一炁也。

十六处练法　一寸，二践，三躜，四就，五夹，六合，七疾，八正，九胫，十警，十一起落，十二进退，十三阴阳，十四五行，十五动静，十六虚实。

寸：足步也。

践：腿也。

躜：身也。

就：束身也。

夹：如夹剪之疾也。

合：是内外六合。心与意合，意与气合，气与力合，是为内三合。肩与胯合，肘与膝合，手与足合，是为外三合。

疾：疾毒内外合一。

正直：看正却是斜，看斜却是正。

胫：手摩内五行也。

警：警起四梢也。火机一发物必落。磨胫磨胫，意气响连声。

起落：起是去也，落是打也；起亦打，落亦打，起落如水之翻浪，才成起落。进

處。打法。變之則有萬法。合之則爲五行。兩儀。仍歸一炁也。

十六處練法

一寸。二踐。三躦。四就。五夾。六合。七疾。八正。九脛。十驚。十一起落。十二進退。十三陰陽。十四五行。十五動靜。十六虛實。

寸：足步也。踐：腿也。躦：身也。就：束身也。夾：如夾剪之疾也。合：是內外六合。心與意合。意與氣合。氣與力合。是爲內三合。肩與胯合。肘與膝合。手與足合。是爲外三合。疾：疾毒內外合一。正。直看正。却是斜。看斜却是正。脛：手摩內五行也。驚：驚起四稍也。火機一發。物必落。磨脛。磨脛。意氣響連聲。起落：起是去也。落是打也。起亦打。落亦打。起落如水之翻浪。纔成起落。進退：进是步低，退是步高。进退不是枉学艺。

阴阳：看阴而却有阳，看阳而却有阴。天地阴阳相合能下雨；拳有阴阳相合能成一气，气成始能打人成其一块，皆为阴阳之气也。

五行：内五行要动，外五行相随。

动静：静为本体，动则作用。若言其静，未漏其机。若言其动，未见其迹。动静正发而未发之间，谓之动静也。

虚实：虚是精也，实是灵也，精灵皆有，成其虚实。拳经歌曰：精养灵根气养神，养功养道见天真；丹田养就长命宝，万两黄金不与人。

九十一拳法　三拳，分为二十一拳；五行生克是十拳，分为七十拳，共九十一拳。一拳分七拳，是前打、后打、左打、右打、上打、下打、不打、打打。

退。：進是步低。退是步高。進退不是枉學藝。陰陽。：看陰而却有陽。看陽而却有陰。天地陰陽相合能下雨。拳有陰陽相合能成一氣。氣成始能打人。成其一塊。皆爲陰陽之氣也。五行。：內五行要動。外五行相隨。動靜。：靜爲本體。動則作用。若言其靜。未漏其機。若言其動。未見其迹。動靜正發而未發之間。謂之動靜也。虛實。：虛是精也。實是靈也。精靈皆有。成其虛實。拳經歌曰。精養靈根氣養神。養功養道見天眞。丹田養就長命寶。萬兩黃金不與人。

九十一拳法

三拳。分爲二十一拳。五行生尅。是十拳。分爲七十拳。共九十一拳。一拳分爲七拳。是前打。後打。左打。右打。上打。下打。不打。打打。

一百零三枪　天地人，三枪，各分四柱，是三四一十二枪；五行，五枪，是五七三十五枪；八卦，八枪，是七八五十六枪，共一百零三枪。

拳经曰：

头打落意随足走，　起而未起占中央。
脚踏中门抢他位，　就是神仙亦难防。
肩打一阴反一阳，　两手只在洞中藏。
左右全凭盖他意，　舒展二字一命亡。
肘打去意上胸膛，　起手好似虎扑羊。
或往里拨一旁走，　后手只在肋下藏。
拳打三节不见形，　如见形影不为能。
能在一思进，　莫在一思退。（点校：“存”应为“退”，据原稿《勘误表》改）。
能在一气先，　莫在一气后。
胯打中节并相连，　阴阳相合得之难。
外胯好似鱼打挺，　里胯藏步变势难。
膝打几处人不明，　猛虎好似出木笼。
和身展转不停势，　左右明拨任意行。
脚打采意不落空，　消息全凭后足蹬。
与

一百零三槍 天地人。三槍。各分四柱。是三四一十二鎗。五行。五槍。是五七三十五槍。八卦。八槍。是七八五十六槍。共一百零三槍。

拳經曰 頭打落意隨足走。起而未起占中央。脚踏中門搶他位。就是神仙亦難防。肩打一陰反一陽。兩手只在洞中藏。左右全憑蓋他意。舒展二字一命亡。肘打去意上胸膛。起手好似虎撲羊。或往裏撥一傍走。後手只在肋下藏。拳打三節不見形。如見形影不爲能。能在一思進。莫在一思存。能在一氣先。莫在一氣後。胯打中節並相連。陰陽相合得之難。外胯好似魚打挺。裏胯藏步變勢難。膝打幾處人不明。猛虎好似出木籠。和身展轉不停勢。左右明撥任意行。脚打採意不落空。消息全憑後足蹬。與人较勇无虚备，　　进退好似卷地风。

臀尾起落不见形，　　猛虎坐卧藏洞中。

臀尾全凭精灵炁，　　起落二字自分明。

拳经云：

混元一气吾道成，　　道成莫外五真形。

真形内藏真精神，　　神藏气内丹道成。

如问真形须求真，　　要知真形合真象。

真象合来有真诀，　　真诀合道得彻灵。

固灵根而动心敌将也，　　养灵根而静心修道也。

武艺虽真窍不真，　　费尽心机枉劳神。

祖师留下真妙诀，　　知者传授要择人。

第二章

第一节　初学入门规矩

练习拳术，不可自专自用而固执不通。若专求力则凝滞不灵，专求重则沉重不活，专求气则拘泥不通，专求轻浮则神意涣散。要而言之，身外形顺者，无形中自增气力。身内中和者，无形中自生灵炁。如练至功

拳經云

人較勇無慮備。進退好似捲地風。臀尾起落不見形。猛虎坐臥藏洞中。臀尾全憑精靈炁。起落二字自分明
混元一氣吾道成。道成莫外五眞形。眞形內藏眞精神。神藏氣內丹道成。如問眞形須求眞。要知眞形合眞象。眞象合來有眞訣。眞訣合道得徹靈。固靈根而動心敵將也。養靈根而靜心修道也。武藝雖眞竅不眞。費盡心機枉勞神。祖師留下眞妙訣。知者傳授要擇人。

第二章

第一節　初學入門規矩

練習拳術。不可自專自用而固執不通。若專求力則凝滯不靈。專求重則沉重不活。專求氣則拘泥不通。專求輕浮則神意渙散。要而言之。身外形順者。無形中自增氣力。身內中和者。無形中自生靈炁。如練至功

行圆满之时，凝神于丹田，则身重如山，化神成虚空则身轻如羽，所以练习不可固执一端也。果得其妙道，亦是若有，若无，若实，若虚，勿忘、勿助之意，不勉而中，不思而得，从容中道，无形中而生，诚神奇矣。

第二节　练习三害

初学练习武术，谨当切忌三害。三害不明，练之足以伤身；明之自能得道。三害者何？一拙力，二努气，三挺胸提腹是也。如练出拙力，则四肢、百骸，血脉不能流通，筋络不能舒畅，全身发拘，手足不能活泼，身为拙气所滞，滞于何处，何处成病。练时，努力则太刚易折，胸内气满，肺为气所排挤，易生满闷肺炸诸症。若挺胸提腹，则气逆上行，终不归于丹田，两足似萍草无根。譬如心君不和，百官必失其位。拳法亦然。若不得中和，即万法亦不能至中立地步。故练习之时，谨忌三害。用以力活气顺，虚心实腹，而道心生，练之设如此，久而久之，自然练至化境矣。

行圓滿之時。凝神於丹田。則身重如山。化神成虛空則身輕如羽。所以練習不可固執一端也。果得其妙道。亦是若有。若無。若實。若虛。勿忘勿助之意。不勉而中。不思而得。從容中道。無形中而生。誠神奇矣。

第二節　練習三害

初學練習武術。謹當切忌三害。三害不明。練之足以傷身。明之自能得道。三害者何。一拙力。二努氣。三挺胸提腹是也。如練出拙力。則四肢百骸。血脈不能流通。筋絡不能舒暢。全身發拘。手足不能活潑。身為拙氣所滯。滯於何處。何處成病。練時努力則太剛易折。胸內氣滿肺。為氣所排擠。易生滿悶肺炸諸症。若挺胸提腹。則氣逆上行。終不歸於丹田。兩足似萍草無根。譬如心君不和。百官必失其位。拳法亦然。若不得中和。即萬法亦不能至中立地步。故練習之時。謹忌三害。用以力活氣。順虛心實腹。而道心生。練之設如此。久而久之。自然練至化境矣。

第三节　呼吸合道

夫人以气为本，以心为根，以息为元，以肾为蒂。天地相去八万四千里，人之心肾相去八寸四分。一呼百脉皆开，一吸百脉皆合。

天地化工流行亦不出乎呼吸二字。且呼吸之法，分有三节道理。初节之道理，乃是色身上事，即练拳术之准绳。呼吸任其自然，有形于外，谓之调息，亦谓炼精化炁之功夫。二节之道理，谓之法身上事。呼吸有形于内，注意丹田，谓之息调，亦谓炼炁化神之功夫。三节之道理，乃是心肾相交之内呼吸，无形无相，绵绵若存，似有非有，无声无臭，谓之胎息，亦即是炼神还虚之功夫。

呼吸有三节道理，拳术有三步功夫，谓之明劲、暗劲、化劲是也。明劲者，拳内之法，伸缩开合之势，有形于外。暗劲者，动转神速。动则变，变则化，变化神奇，有形于内。化劲者，无形无相之手法，不见而章，不动而变，之神化也。此三步之功夫，是练拳术根本实际之道理，亦谓

第三節　呼吸合道

夫人以氣爲本。以心爲根。以息爲元。以腎爲蒂。天地相去八萬四千里。人之心腎相去八寸四分。一呼百脈皆開。一吸百脈皆闔。天地化工流行亦不出乎呼吸二字。且呼吸之法。分有三節道理。初節之道理。乃是色身上事。即練拳術之準繩。呼吸任其自然。有形於外。謂之調息。亦謂練精化炁之功夫。二節之道理。謂之法身上事。呼吸有形於內。注意丹田。謂之息調。亦謂練炁化神之功夫。三節之道理。乃是心腎相交之內呼吸。無形無像。綿綿若存。似有非有。無聲無臭。謂之胎息。亦即是練神還虛之功夫。呼吸有三節道理。拳術有三步功夫。謂之明勁。暗勁。化勁是也。明勁者。拳內之法。伸縮開合之勢。有形於外。暗勁者。動轉神速。動則變。變則化。變化神奇。有形於內。化勁者。無形無像之手法。不見而章。不動而變之神化也。此三步之功夫。是練拳術根本實際之道理。亦謂之练术合道之真诀。知此道理，可以谓之性命双修也。

第四节　三步功夫

易骨者，明劲也。练习时，身体动转，必须顺遂而不可悖逆；手足起发必须整齐，而不可散乱。为之筑基壮体，充足骨髓，坚如金石。而气质形容，如山岳之状。此谓之初步功夫。

易筋者，暗劲也。练时，神气圆满，形式绵绵，舒展运用，活泼不滞。为之长筋腾膜，全身筋络伸展，纵横联络，而生无穷之力。此谓之二步功夫。

洗髓者，化劲也。练时，周身动转，起落、进退、伸缩、开合，不可用力，将神意蛰藏于祖窍之内，身体圆活无滞，形如流水。其心空空、洞洞，而养灵根。此谓之三步功夫。

第五节　灵通三性

夫三性者，以心为勇性，眼为见性，耳为灵性。此三性者，艺中应用之根

之練術合道之眞訣。知此道理。可以謂之性命雙修也。

第四節　三步功夫

易骨者。明勁也。練習時。身體動轉。必須順遂而不可悖逆。手足起發必須整齊。而不可散亂。爲之築基壯體。充足骨髓。堅如金石。而氣質形容如山嶽之狀。此謂之初步功夫。

易筋者。暗勁也。練時。神氣圓滿。形式綿綿。舒展運用。活潑不滯。爲之長筋騰膜。全身筋絡伸展。縱橫聯絡。而生無窮之力。此謂之二步功夫。

洗髓者。化勁也。練時。週身動轉。起落進退。伸縮開合。不可用力。將神意蟄藏於祖竅之內。身體圓活無滯。形如流水。其心空空洞洞。而養靈根。此謂之三步功夫。

第五節　靈通三性

夫三性者。以心爲勇性。眼爲見性。耳爲靈性。此三性者。藝中應用之根本也。然调养之法，眼应不时常寻还，耳应不时常照应，心应不时常警醒，使之精灵三性，形影相随。用之三性灵通，运贯如一，蕴发在我，庶不至为人所卖，而无见机之哲也。

第六节　六合为一

心与意合，意与气合，气与力合，内三合也。手与足合，肘与膝合，胯与肩合，外三合也。内外如一，谓之六合。左手与右足相合，左肘与右膝相合，左膝与右肩相合；右之与左亦然也。以及头与手合，手与身合，身与步合；心与眼合，肝与筋合，脾与肉合，肺与皮合，肾与骨合。总而言之，一动无不动，一合无不合，五行百骸，悉在其中矣。

第三章

第一节　三节合一

三节者，根中梢也。以人言之，头为梢节，身为中节，腿为根节。以头言之，

本也。然調養之法。眼應不時常尋還。耳應不時常照應。心應不時常警醒。使之精靈。三性形影相隨用之三性靈通。運貫如一。蘊發在我庶不至爲人所賣而無見機之哲也。

第六節　六合爲一

心與意合。意與氣合。氣與力合。內三合也。手與足合。肘與膝合。胯與肩合。外三合也。內外如一。謂之六合。左手與右足相合。左肘與右膝相合。左膝與右肩相合。右之與左亦然也。以及頭與手合。手與身合。身與步合。心與眼合。肝與筋合。脾與肉合。肺與皮合。腎與骨合。總而言之。一動無不動。一合無不合。五行百骸悉在其中矣。

第三章

第一節　三節合一

三節者。根中稍也。以人言之。頭爲稍節。身爲中節。腿爲根節。以頭言之。

天庭为梢节，鼻为中节，地阁为根节。以中身言之，胸为梢节，腹为中节，丹田为根节。以下部言之，足为梢节，膝为中节，胯为根节。以肱言之，手为梢节，肘为中节，肩为根节。以手言之，指为梢节，掌为中节，腕为根节。换而言之，人之一身，无处不各有三节也。三节之动，不外起随催三字而已。盖梢节起，中节随之，根节催之，无有长短曲直参差俯仰之病。三节之所以贵明，故分而有三，合而为一也。

第二节　四梢(点校:“三梢”应为“四梢”,据原稿《勘误表》改)

三心归一

盖人之一身，有四梢，曰血梢、筋梢、骨梢、肉梢是也。此四梢者，一动而能变化常态。发为血梢，属心。心怒气生，气冲血动，血轮发转，精神勇敢。毛发虽微，怒能冲冠，气足血旺，力能撼山。爪为筋梢，属肝。手足指功，手抓足蹬，气力兼并，爪生奇功。齿为骨梢，属肾。化精填骨，骨实齿坚。保齿之道，最忌热凉。冷冬炎夏，唇包齿藏。年迈耆老，上下成行。舌为肉梢，属脾。

天庭爲稍節。鼻爲中節。地閣爲根節。以中身言之。胸爲稍節。腹爲中節。丹田爲根節。以下部言之。足爲稍節。膝爲中節。胯爲根節。以肱言之。手爲稍節。肘爲中節。肩爲根節。以手言之。指爲稍節。掌爲中節。腕爲根節。換而言之。人之一身。無處不各有三節也。三節之動。不外起隨催三字而已。蓋稍節起。中節隨之。根節催之。無有長短曲直參差俯仰之病。三節之所以貴明。故分而有三合而爲一也。

第二節　三稍三心歸一

蓋人之一身有四稍。曰血稍。筋稍。骨稍。肉稍。是也。此四稍者。一動而能變化常態。髮爲血稍。屬心。心怒氣生。氣冲血動。血輪發轉。精神勇敢。毛髮雖微。怒能衝冠。氣足血旺。力能撼山。爪爲筋稍。屬肝。手足指功。手抓足蹬。氣力兼並。爪生奇功。齒爲骨稍。屬腎。化精填骨。骨實齒堅。保齒之道。最忌熱涼冷冬炎夏。唇包齒藏。年邁耆老。上下成行。舌爲肉稍。屬脾。

脾醒舌灵，胃健肉长，坤田气壮，肌肉成镲，充实腑脏，刚柔攸扬。三心者，手心、足心及心是也。用之手心要扣，足心要立，人心要灵。明乎四梢，增神力。明乎三心，生灵炁。四梢三心要合全，精神勇敢力推山。气动心意随时用，硬打硬进无遮拦。遇敌要取胜，成功须放胆。四梢三心归一体，运用灵活一混元。

第三节　身法八要

身法者何？纵横高低进退返侧八要而已。纵则放其势，一往而不返。横则裹其力，开括而莫阻。高则扬其身，而身若有增长之意。低则抑其身，而身若有攒捉之形。当进则进，鼓其气，弹其身，而勇往直冲，如蛰龙之升天（抖搜意也）。当退则退，领其气而回转，若猿猴之灵通（巧也），巧也。至于翻身顾后，后即前；侧身顾左右，左右无分上下。察乎人之虚实，运吾之机谋，忽纵而忽横，纵横因势而变迁；忽高而忽低，高低随时以转移。时宜

脾醒舌靈。胃健肉長。坤田氣壯。肌肉成鐵。充實臟腑。剛柔攸揚。三心者。手心足心及心是也。用之手心要扣。足心要立。人心要靈。明乎四稍。增神力明乎三心。生靈炁。四稍三心要合。全精神。勇敢力推山。氣動心意隨時用。硬打硬進無攔擋。遇敵要取勝。成功須放胆。四稍三心歸一體運用靈活一混元。

第三節　身法八要

身法者何。縱橫高低進退返側八要而已。縱則放其勢一往而不返。橫則裹其力開括而莫阻。高則揚其身而身若有增長之意。低則抑其身而身若有攢捉之形。當進則進。鼓其氣。彈其身而勇往直冲。如蟄龍之昇天。抖搜意也當退則退。領其氣而回轉若猿猴之靈通。巧也至於翻身顧後。後即前。側身顧左右。左右無分上下。察乎人之虛實。運吾之機謀。忽縱而忽橫。縱橫因勢而變遷。忽高而忽低。高低隨時以轉移。時宜进，故不可退而馁其气。时宜退当以退，而鼓其进，此进故谓之真进。若返身顾后，而后亦不觉为后；侧身顾左右，而左右亦不觉为左右。总而言之，其要者，则本诸身进而前，四体百骸不令而行，应用在眼，变通在心，勇往在气。此八要之所以贵明，学者知此道理，可以入道矣。

第四节　步法手法五要

步法者，寸步、垫步、翦步、快步是也。一尺远近则用寸步，三五尺远则用垫步，六七尺远则用翦步，丈八尺远则用快步。步法中为快步最难，是起前足，则后足平飞而去，如马之奔，虎形之蹦（点校：音义待查。他谱此字作“跃”）。步法者，足法也。足之要义，是起翻落蹟。起者，如手上翻之撩阴。落蹟，似大石之沉水。夫足之进忌踢，进则用采。采者，如鹰之捉物也。

手法者，单手、双手是也。单手起往上长身而蹟，下落缩身而翻，形如鹞子穿林，束身起，展翅飞也。双手上起，两肱似直非直，似曲非曲，形如举鼎。手落似猛虎搜山，然其要

進。故不可退而餒其氣。時宜退當以退。而鼓其進。此進故謂之眞進。若返身顧後。而後亦不覺爲後。側身顧左右。而左右亦不覺爲左右。總而言之。其要者則本諸身進而前。四體百骸不令而行。應用在眼。變通在心。勇往在氣。此八要之所以貴明。學者知此道理。可以入道矣。

第四節　步法手法五惡

步法者。寸步。墊步。踐步。快步是也。一尺遠近則用寸步。三五尺遠則用墊步。六七尺遠則用踐步。丈八尺遠則用快步。步法中爲快步最難。是起前足則後足平飛而去。如馬之奔。虎形之蹦。步法者。足法也。足之要義。是起翻落蹬。起者如手上翻之撩陰。落蹬似大石之沉水。夫足之進忌蹋。進則用採。採者如鷹之捉物也。——手法者。單手雙手是也。單手起往上長身而蹬。下落縮身而翻。形如鷂子穿林。束身起展翅飛也。雙手上起。兩肱似直非直。似曲非曲。形如舉鼎。手落似猛虎搜山。然其要者，有五恶，抓扑裹舒抖也。拳经云：抓为毒。扑如虎，形似猫捕鼠。裹为护，身不露。抖要绝。力展舒。心毒手如弩。总而言之，手不离足，足不离手，手足亦不能离身；分而言之，则万法；合而言之，则仍归一气。三回九转是一势，正此之谓也。上法以手足为妙，进步以手足为奇。以身为纲领，其应用进身而发势。三节要明，四梢相齐；内五行要和，外五行相随。远近因时而用，心一动而即至。其理流行于外，发著于六合之远，承上接下，势如连珠箭，何虑他有邪术。知此道理，神奇技矣。

第五节　战手要法

二人初次见面，未交手前，要凝神聚（点校："衣"应为"聚"，据原稿《勘误表》改）气，审视敌人五行之虚实（精神体格），注意敌人之动静，站近敌人之身旁，成三角斜形式。占左进右，上右进左，进步进身，灵活要快，形似蛟龙翻浪。发拳要卷紧，拳紧增气力。发掌要扣手心，掌扣气力加。三尖四梢要相齐，心要虚空而狠毒。不毒

者。有五惡。抓撲褁舒抖也。拳經云。抓爲毒。撲如虎。形似貓捕鼠。褁爲護。身不露。抖要絕。力展舒。心毒手如弩。總而言之。手不離足。足不離手。手足亦不能離身。分而言之。則萬法。合而言之。則仍歸一氣。三回九轉是一勢。正此之謂也。上法以手足爲妙。進步以手足爲奇。以身爲綱領。其應用進身而發勢。三節要明。四稍相齊。內五行要和。外五行相隨。遠近因時而用。心一動而即至。其理流行於外。發著於六合之遠。承上接下。勢如連珠箭。何慮他有邪術。知此道理神奇技矣。

第五節　戰手要法

二人初次見面。未交手前。要凝神衣氣。審視敵人五行之虛實。（精神體格）注意敵人之動靜。站近敵人之身傍。成三角斜形式。△占左進右上。右進左。進步進身。靈活要快。形似蛟龍翻浪。發拳要捲緊。拳緊增氣力。發掌要扣手心。掌扣氣力加。三尖四稍要相齊。心要虛空而狠毒不毒无名。俗云：人无伤虎心，虎生食人意。气要上下三田联络往返，精气能贯溉四肢。以心为主宰，以眼为统帅，以手足为先锋。不贪，不歉，不即，不离。胆要大，心要细，面要善，心要恶。静似书生，动如雷鸣。审察来人之形势，彼刚我柔，彼柔我刚，刚柔要相济。进步发拳，先占中门。肘不离肋，手莫离心。束身而起，长身而落。随高就高，随低打低。远发足手，近加膝肘。上打咽喉下撩阴，左右两肋在中心。发手莫有形，身动勿有势。操演时，面前似有人。交手时，面前似无人。拳经云：打法先上身，手足齐至方为真。身似游龙拳打烈炮，遇敌好似火烧身。起无形，落无踪，手似毒箭，身如返弓，消息全凭后足蹬，进退旋转灵活妙，五行一动如雷声。风吹浮云散，雨打沉灰净，五行合一体，放胆即成功。

第六节　形意摘要

一要塌腰，二要垂肩，三要扣胸，四要顶，五要提，六横顺要知清，七起钻

無名。俗云人無傷虎心。虎生食人意。氣要上下三田聯絡往返。精氣能貫溉四肢。以心爲主宰。以眼爲統帥。以手足爲先鋒。不貪不歉。不即不離。胆要大。心要細。面要善。心要惡。靜似書生。動如雷鳴。審察來人之形勢。彼剛我柔。彼柔我剛。剛柔要相濟。進步發拳。先占中門。肘不離肋。手莫離心。束身而起。長身而落。隨高就高。隨低打低。遠發足手。近加膝肘。上打咽喉。下撩陰。左右兩肋在中心。發手莫有形。身動勿有勢。操演時。面前似有人。交手時。面前似無人。拳經云。打法先上身。手足齊至方爲眞。身似遊龍。拳打烈炮。遇敵好似火燒身。起無形。落無踪。手似毒箭。身如返弓。消息全憑後足蹬。進退旋轉靈活妙。五行一動如雷聲。風吹浮雲散。雨打沉灰淨。五行合一體。放膽即成功。

第六節　形意摘要

一要塌腰。二要垂肩。三要扣胸。四要頂。五要提。六橫順要知淸。七起鑽落翻要分明。

塌腰者：尾闾上提，而阳气上升，督脉之理，而又谓之开督。

顶者：头顶、舌顶、手顶是也。头顶而气冲冠，舌顶而吼狮吞象，手顶而力推山。

提者：谷道内提也。古仙云：紧撮谷道内中提，明月辉辉顶上飞。而又谓之醍醐灌顶，欲得不老，还精补脑。

垂肩者：肩垂则气贯肘，肘垂则气贯手，气垂则气降丹田。

扣胸者：开胸顺气，而通任脉之良箴。能将精气上通泥丸，中通心肾，下通气海，而至于涌泉。

横者，起也。顺者，落也。起者，蹚也。落者，翻也。起为蹚，落为翻。起为横之始，蹚为横之终。落为顺之始，翻为顺之终。头顶而蹚，头缩而翻。手起而蹚，手落而翻。足起而蹚，足落而翻。腰起而蹚，腰落而翻。起横不见横，落顺不见顺。起是去，落是打。起亦打，落亦打。起落如水之翻浪，方是真起落也。勿论如何，起蹚、落翻，往来总要肘不离肋，手不离心。手起如钢锉，手落如钩竿。起者，进也。落者，退也。未起如摘字，未落如堕字。起如箭，落如风，追风赶月不放松。起

落翻要分明。塌腰者。尾閭上提。而陽氣上升。督脈之理。而又謂之開督。頂者。頭頂。舌頂。手頂是也。頭頂而氣衝冠。舌頂而吼獅吞象。手頂而力推山。提者。谷道內提也。古仙云。緊撮穀道內中提。明月輝輝頂上飛。而又謂之醍醐貫頂。欲得不老。還精補腦。垂肩者。肩垂則氣貫肘。肘垂則氣貫手。氣垂則氣降丹田。扣胸者。開胸順氣。而通任脈之良策。能將精氣上通泥丸。中通心腎。下通氣海。而至於湧泉。橫者。起也。順者。落也。起者。蹬也。落者。翻也。起爲蹬。落爲翻。起爲橫之始。蹬爲橫之終。落爲順之始。翻爲順之終。頭頂而蹬。頭縮而翻。手起而蹬。手落而翻。足起而蹬。足落而翻。腰起而蹬。腰落而翻。起橫不見橫。落順不見順。起是去。落是打。起亦打。落亦打。起落如水之翻浪。方是眞起落也。勿論如何起蹬落翻。往來總要肘不離肋。手不離心。手起如鋼銼。手落如鉤竿。起者。進也。落者。退也。未起如摘字。未落如墮字。起如箭。落如風。追風趕月不放鬆。起如风，落如箭，打倒还嫌慢。足打七分手打三，五营四梢要合全。气随心意随时用，硬打硬进无遮拦。打人如走路，看人如蒿草。胆上如风响，起落似箭蹿。进步不胜，必有怯敌之心。此是初步明劲，有形有象之用也。

至暗劲之时，用法更妙。起似蛰龙升天，落如劈雷击地。起无形，落无踪，起意好似卷地风。起不起，何用再起；落不落，何用再落。低之中望为高，高之中望为低。打起打落，如水之翻浪。不翻不蹿，一寸为先。足打七分手打三，五营四梢要合全。气浮心意随时用，打破身势无遮拦。此是两步暗劲，有无穷之妙用也。拳无拳，意无意，无意之中是真意。拳打三节不见形，如见形影不为能。随时而发，一言，一默，一举，一动，行止，坐卧，以至于饮食、茶水之间，皆是能用。或有人处，或无人处，无处不是用。所以无入而不自得，无往而不得其道，以致寂然不动，感而遂通，无可无不可。此是三步化劲神化之功用也。

然而所用三步之功夫，虚实、奇正，亦

如風。落如箭。打倒還嫌慢。足打七分手打三。五營四稍要合全。氣隨心意。隨時用硬打硬進無遮攔。打人如走路。看人如蒿草。膽上如風响。起落似箭。鑽進步不勝。必有怯敵之心。此是初步明勁。有形有象之用也。至暗勁之時。用法更妙。起似蟄龍昇天。落如劈雷擊地。起無形。落無踪。起意好似捲地風。起不起何用再起。落不落何用再落。低之中望爲高。高之中望爲低。打起打落。如水之翻浪。不翻不鑽。一寸爲先。足打七分手打三。五營四稍要合全。氣浮心意隨時用。打破身勢無遮攔。此是兩步暗勁。有無窮之妙用也。拳無拳意無意。無意之中是眞意。拳打三節不見形。如見形影不爲能。隨時而發。一言一默。一舉一動。行止坐臥。以致於飲食茶水之間。皆是能用。或有人處。或無人處。無處不是用。所以無入而不自得。無往而不得其道。以致寂然不動。感而遂通。無可無不可。此是三步化勁神化之功用也。然而所用三步之功夫。虛實奇正亦不可专有意用于奇正、虚实。虚者，并非专用于彼。已手在彼手之上，用劲拉回，落如钩竿，谓之实。彼手挨（点校：“已”应为“挨”，据原稿《勘误表》改）不着我之手，我用劲将彼之手拉回，谓之虚。并非专用意于虚实，是在人之形势感触耳。

奇正之理亦然。奇无不正，正无不奇。奇中有正，正中有奇。奇正之变化，如循环之无端，所用无穷也。拳经云：“拳去不空回，空回非奇拳。”正谓之此意也。学者深思格务此理，而要义得矣。

不可專有意用於奇正。虛實。虛者。並非專用於彼。己手在彼手之上。用勁拉回。落如鈎竿。謂之實。彼手已不着我之手。我用勁將彼之手拉回。謂之虛。並非專用意於虛實。是在人之形勢感觸耳。奇正之理亦然。奇無不正。正無不奇。奇中有正。正中有奇。奇正之變化。如循還之無端。所用無窮也。拳經云拳去不空回。空回非奇拳。正謂之此意也。學者深思格務此理。而要義得矣。

上编　形意拳术讲义

总纲

第一节　无极论

无极者，空空静静，虚若无一物也。圣人自阴阳以统天地。夫有形者生于无形，无形则天地安足生，故曰：有太易、太初、太始、太素而太极之五太也。胎包炁质形之本也，一惊而生炁质形也。气之轻清而上浮者为天，气之重浊而下凝者为地。然太易者，未见气也。太初者，气之始也。太素者，质之始也。太始者，炁形之始也。炁形，质具，而未相离。视之不见，听之不闻，寻之不得，故曰：易也。易无形状，易变为一太极生也，由太极而化生万物也。如易仍无形，太极亦不生炁，形质浑沦而相离，虚无缥缈复而谓之无极也。

第二节　虚无无极含一炁

上編形意拳術講義

第一章　總綱

第一節　無極論

無極者。空空靜靜。虛若無一物也。聖人自陰陽以統天地。夫有形者生於無形。無形則天地安足生。故曰有太易。太初。太始。太素而太極之五太也。胎包炁質形之本也。一驚而生炁質形也。氣之輕清而上浮者爲天。氣之重濁而下凝者爲地。然太易者。未見氣也。太初者。氣之始也。太素者。質之始也。太始者。炁形之始也。炁形質具。而未相離。視之不見。聽之不聞。尋之不得。故曰易也。易無形狀。易變爲一。太極生也。由太極而化生萬物也。如易仍無形。太極亦不生。炁形質渾淪而相離。虛無縹緲復而謂之無極也。

第二節　虛無無極含一炁

虚无者，无形○之势也。无极者⦶，含一混沌不分之炁也。此炁乃是先天真一之祖炁，氤氲无形。其中有一点生机含藏，名为先天之本，性命之源，生死之道，天地之始，万物之祖，阴阳之母，四象之根，八卦之蒂。即太极之发源而谓之无极也。

第三节　起 点

开势先将身体立正，面向前，两手下垂，两足 90 度之姿势。心中要空空无物。

此势谓之顺行天地自然化生之道，又谓之无极含一炁之势也。此势乃为练拳术之要道，形意拳术之基础也。

虛無者。無形○之勢也。無極者⦶含一混沌不分之炁也。此炁乃是先天眞一之祖炁。氤氳無形其中有一點生機含藏。名爲先天之本。性命之源。生死之道。天地之始。萬物之祖。陰陽之母。四象之根。八卦之蒂。即太極之發源而謂之無極也。

無極圖

第三節　起點

開勢先將身體立正。面向前。兩手下垂。兩足九十度之姿勢。心中要空空無物。此勢謂之順行天地自然化生之道。又謂之無極含一炁之勢也。此勢乃爲練拳術之要道。形意拳術之基礎也。

第二章

第一节　太极论

太极者，炁形质之本，无极而有极也。自无归有，有必归无；无能生有，有无相生，无有尽时。太极中于四象两仪之母也。其性属土。天地万物皆以土为本，故万物之旺由土而生，万物之衰由土而归也。在人五脏属脾，脾旺则人之四肢百骸健全。取诸形意拳中为横拳，内包四拳，即劈崩蹚炮之拳，共谓之五德，而又谓之五行也。

第二节　太极势（一）

将无极之姿势半面向左转，左足跟靠右足里胫骨，为 45 度之姿势。随时再将身体下沉，腰塌劲，头顶劲，目平视，内中神意抱元守一，和而不流。口似张非张，似合非合。舌顶上腭。谷道内提。

此势取名一炁含四象，谓之揽阴阳，夺造化，转乾坤，扭气机，于后天之中，返先天之真阳，

第二章

第一節　太極論

太極者。乃形質之本。無極而有極也。自無歸有。有必歸無。無能生有。有無相生。無有盡時。太極中於四象兩儀之母也。其性屬土。天地萬物皆以土爲本。故萬物之旺由土而生。萬物之衰由土而歸也。在人五臟屬脾。脾旺則人之四肢百骸健全。取諸形意拳中爲橫拳。內包四拳。即劈崩鑽炮之拳。共謂之五德。而又謂之五行也。

第二節　太極勢（一）

將無極之姿勢半面向左轉。左足根靠右足裏脛骨。爲四十五度之姿勢。隨時再將身體下沈腰塌勁頭頂勁。目平視。內中神意抱元守一。和而不流。口似張非張。似合非合。舌頂上腭。谷道內提。此勢取名一炁含四象。謂之攬陰陽。奪造化。轉乾坤。扭氣機。於後天之中。返先天之眞陽。

退后天之纯阴，复本来之真面目，归自己之真性命，而谓之性命双修也。故心以动，而万象生。其理流行于外，发著于六合之远，无物不有。心以静，其气缩至于心中，退藏于密，无一物之所存。故练拳依此开势为法也。

第三节　太极（二）

左足不动，右足向外斜横进步。两手攥上拳，左手阳拳停在左胯，右手随足进时向里拧劲，拧成阴拳，如托物之势，顺胸上起，往前伸出。头顶（点校：“项”应为“顶”，据原稿《勘误表》改）身拗，目视右拳大指根节——谓之鸡腿、龙身、熊膀、虎抱头。

退後天之純陰。復本來之眞面目。歸自己之眞性命。而謂之性命雙修也。故心以動而萬象生。其理流行於外。發著於六合之遠。無物不有。心以靜。其氣縮至於心中。退藏於密。無一物之所存。故練拳依此開勢爲法也。

太極圖

第三節　太極（二）

左足不動。右足向外斜橫進步。兩手攥上拳。左手陽拳停在左胯。右手隨足進時。向裏捽勁。捽成陰拳。如托物之勢。順胸上起。往前伸出。頭項身拗。目視右拳大指根節——謂之雞腿。龍身。熊膀。虎抱頭——

鸡腿者，独立之势。龙身者，三曲之形。熊膀者，项直竖之劲。虎抱者，两手相抱似猛虎离穴之意。总而言之，即中庸不偏不倚之谓也。

第三章

第一节　两仪论

两仪者，是太极流行绵绵不息分散而生也。太极左伸，则为阳仪。太极右缩，则为阴仪。所谓阳极必生阴，阴极必生阳，阴阳相生，则生生不息。天为一大天地，人为一小天地。天以阴阳相合而生三才。三才者，天地人，三才之象也。人以阴阳而生三身。三身者，上中下三丹田也。三田往返，阴阳相交，为人性命之根，造化之源，生死之本，即道家之金丹是也。拳术之理亦然。且拳术左分则为阳仪，右分则为阴仪。阴阳伸缩，生生流行，绵绵不息，即拳内动静起落进退伸缩开合之玄妙也。所以数不离理，理不离数，数理兼用，方生神化之道。体用一源，动静一理。分而言

雞骽者。獨立之勢。—龍身者。三曲之形。—熊膀者。項直豎之勁。—虎抱者。兩手相抱似猛虎離穴之意。總而言之。即中庸不偏不倚之謂也

第三章

第一節　兩儀論

兩儀者。是太極流行綿綿不息分散而生也。太極左伸。則爲陽儀。太極右縮則爲陰儀。所謂陽極必生陰。陰極必生陽。陰陽相生。則生生不息。天爲一大天地。人爲一小天地。天以陰陽相合而生三才。三才者天地人三才之象也。人以陰陽而生三身。三身者上中下三丹田也。三田往返。陰陽相交。爲人性命之根。造化之源。生死之本。即道家之金丹是也。拳術之理亦然。且拳術左分則爲陽儀。右分則爲陰儀。陰陽伸縮。生生流行。綿綿不息。即拳內動靜起落進退伸縮開闔之玄妙也。所以數不離理。理不離數。數理兼用。方生神化之道。體用一源。動靜一理。分而言

之为万法，合而言之仍归太极之一炁也。形名虽殊，其理则一，正是此意义也。

第二节　两仪生三才

将太极之姿势，右足不动，左足向前进步。左手同足进时，往前顺右肱推出，至右手腕向下翻劲，成半阴阳掌；右手亦同左手往前推翻时，向里扭劲，回拉至下丹田，成半阴阳掌。两手大指虎口圆开，两肱屈伸，似直不直，似曲不曲。目视左手大指梢。两肩松开，沉劲；两胯根塌劲，是肩与胯合。两肘垂劲，

之爲萬法。合而言之。仍歸太極之一炁也。形名雖殊。其理則一。正是此意義也。

第二節　兩儀生三才

將太極之姿勢。右足不動。左足向前進步。左手同足進時。往前順右肱推出。至右手腕向下翻勁成半陰陽掌。右手亦同左手往前推。翻時。向裏扭勁。回拉至下丹田。成半陰陽掌。兩手大指虎口圓開。兩肱曲伸。似直不直。似曲不曲。目視左手大指稍。兩肩鬆開。沉勁。兩胯根塌勁。是肩與胯合。兩肘垂勁。

兩儀三才圖

两膝合劲，是肘与膝合。两足蹬劲，两手五指伸劲，是手与足合。此谓之三合也。要而言之，是肩催肘，肘催手，腰催胯，胯催膝，膝催足，上下合而为一。此身势不可前栽（点校："栽"当为"裁"字之误）后仰左斜右歪。正是斜，斜是正；阴是阳，阳是阴，阴阳相合，内外如一，此谓之六合也。总而言之，六合，是内外相合；内外相合，即是阴阳相合；阴阳相合，三才因斯而生焉。

以后无论各拳、各形、开势，皆用三才势为主。熟读拳经，深默温习，法无不中。拳经云：三才三身非无因，分明配合天地人。三元灵根能妙用，武术之中即超群。

第一章　劈拳讲义

劈拳性属金，是阴阳连环成一气之起落也。气之一静，故形象太极；气之一动，而生物。其名为横。横属土，土生万物，故内包四拳。按其五行循环之数，土能生金，故先练习劈拳。上下运用而有劈物之意。其性像斧，

兩膝合勁。是肘與膝合。兩足蹬勁。兩手五指伸勁。是手與足合。此謂之三合也。要而言之。是肩催肘。肘催手。腰催胯。胯催膝。膝催足。上下合而爲一。此身勢不可前裁後仰。左斜右歪。正是斜。斜是正。陰是陽。陽是陰。陰陽相合。內外如一。此謂之六合也。總而言之。六合是內外相合。內外相合。即是陰陽相合。陰陽相合。三才因斯而生焉。

以後無論各拳各形。開勢皆用三才勢爲主。熟讀拳經。深默溫習。法無不中。拳經云。三才三身非無因。分明配合天地人。三元靈根能妙用。武術之中即超羣。

第一章　劈拳講義

劈拳性屬金。是陰陽連環成一氣之起落也。氣之一靜。故形象太極。氣之一動。而生物。其名爲橫。橫屬土。土生萬物。故內包四拳。按其五行循環之數。土能生金。故先練習劈拳。上下運用而有劈物之意。其性象斧故名劈拳。取诸身内，则为肺。劲顺则肺气和，劲谬则肺气乖。夫人以气为主，气和则体壮，气乖则体弱。故学者，不可大意也。步法，三步一组，前足进为一；后足进为二；既进之足，复跟为三。如下图。

第一节（一） 劈拳进步路线

线路图略。

（点校：据《勘误表》，下图左侧的“右”字应为“左”字）

第二节 劈拳起势

三才势右足不动，先将左足尖向外前进步。两手同时攥上拳，右手将拳阴翻靠右脐旁停住，左手将拳往下直落至丹田（俗名小腹），变

故名劈拳。取諸身內則爲肺。勁順則肺氣和。勁謬則肺氣乖。夫人以氣爲主。氣和則體壯。氣乖則體弱。故學者不可大意也。步法三步一組。前足進爲一。後足進爲二。既進之足復跟爲三。如下圖。

第一節 (一) 劈拳進步路線

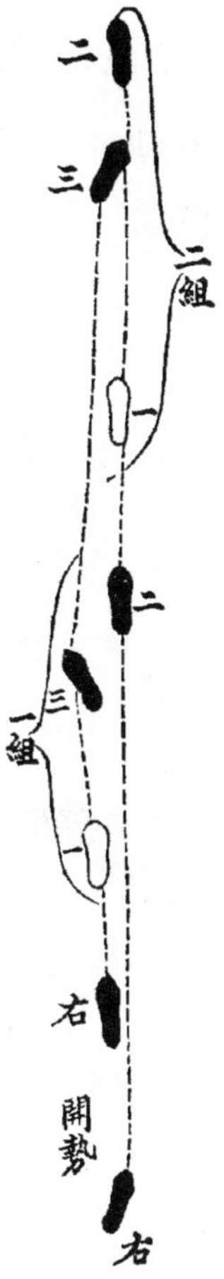

第二節 劈拳起勢

三才勢右足不動。先將左足尖向外前進步。兩手同時攥上。拳右手將拳陰翻靠右臍傍停住。左手將拳往下直落至丹田。(俗名小腹)變成阴拳；不停，随时顺胸往上躜至心口，手如托物之势，向前推伸与右足相顺，高不过口，低不过喉。两肱两股似曲非曲，似直非直。头顶劲，腰塌劲，目视左阴拳大指根节（劈拳左势图一）。

拳经云：

两手紧握，　同变阴拳。
左拳落出，　肘顺胸前，
高不过肩，　力垂左肩。
右拳靠脐，　肘置肋边。
眼平舌卷，　气降丹田。

第三节　劈拳落势

再换势。右足向前大进，左足后跟相离一尺五六寸。总而言之，两足站

成陰拳。不停。隨時順胸往上躦至心口。手如托物之勢。向前推伸與右

劈拳左勢圖一

足相順。高不過口。低不過喉。兩肱兩股似曲非曲似直非直頭頂勁腰塌勁。目視左陰拳大指根節。

拳經云

兩手緊握。同變陰拳。左拳落出。肘順胸前。高不過肩。力垂左肩。右拳靠臍。肘置肋邊。眼平舌捲。氣降丹田。

第三節　劈拳落勢

再換勢。右足向前大進。左足後跟相離一尺五六寸。總而言之。兩足站

离，合自己之步法姿势为佳。右手同足进时，上起顺左肱向前拧劲，推伸下翻成半阴阳掌，高平乳形顺足；左手亦同时向下翻，往后拉劲成掌，至左胯前停住。肱股曲伸，头顶身挺，目视右手食指梢（劈拳右势图二）。再演与左势图一、右势图二，手法、步法均相同。数之多寡勿拘。回身总宜出左手、左足再回身。

拳经云：

左足既开，　右足大进。
手足齐落，　推挽两迅。
左足斜跟，　右足仍顺。
指开心齐，　后手肋近。
手足与鼻，　列成直阵。

離合自已之步法姿勢為佳。右手同足進時。上起順左肱向前猝勁。推伸下翻成半陰陽掌。高平乳形。順足。左手亦同時向下翻往後拉勁成掌。至左胯前停住。肱股曲伸。頭頂身挺。目視右手食指稍。再演與左勢圖一。右勢圖二。手法。步法。均相同。數之多寡勿拘。——回身總宜出左手左足再回身。

劈拳右勢圖二

拳經云

左足既開。右足大進。手足齊落。推挽兩迅。左足斜跟。右足仍順。指開心齊。後手肋近。手足與鼻。列成直陣。

第四节　回身法

左足在前右转身（右足在前左转身），右足在前左转身。转身时，左前之足尖向回扣，稍进成斜横形势；在后之足随转身时，前进成顺。前手亦同身转时，挽回成阴拳，紧靠左脐旁；后手亦同转身时，向里合劲，顺胸往前托伸。目视大指中节（劈拳右回身图三）。

拳经云：

起势蹭，　落势翻。
行如槐虫，　起挑担。
若遇人多，　三摇两旋。

正是转身之谓也。

劈拳右转路线图如下。收势仍归于原地。

第四節 回身法

左足在前右轉身。右足在前左轉身。轉身時。在前之足尖向回扣。稍進成斜橫形勢在後之足隨轉身時。前進成順前手亦同身轉時挽回成陰拳緊靠左臍傍。後手亦同轉身時。向裏合勁。順胸往前托伸目視大指中節。—

劈拳右回身圖三

拳經云

起勢躦。落勢翻。行如槐虫。起挑擔。若遇人多三搖兩旋。正是轉身之謂也。劈拳右轉路線。圖如下。—收勢仍歸于原地

路线图略。

第二章 崩拳讲义

崩拳性属木，取之身内属肝，以拳之应用为崩拳。此拳之性能，是一气循环往来势如连珠箭，所谓崩拳似箭属木者是也。练之拳势顺，则肝舒气平，养心神，增筋力，而无目疾腿疾之患；拳势逆，则伤肝，肝伤则两目昏花，两腿痿痛，一身失和，心火不能下降，拳亦不得中立地步。

然崩拳势极简单。其练法，左足前进，右足相跟，相离四五寸。此势不换步，出左手进左足，出右手亦进左足，一步一组。学者于此拳中，当细研究其妙道焉。

第一节（一）崩拳进步路线

右轉回身進步線圖

第二章　崩拳講義

崩拳性屬木。取之身內屬肝。以拳之應用爲崩拳。此拳之性能。是一氣循還往來。勢如連珠箭。所謂崩拳似箭屬木者是也。練之拳勢順。則肝舒氣平。養心神。增筋力。而無目疾腿疾之患。拳勢逆。則傷肝。肝傷則兩目昏花。兩腿痿痛。一身失和。心火不能下降。拳亦不得中立地步。然崩拳勢極簡單。其練法。左足前進。右足相跟。相離四五寸。此勢不換步。出左手進左足。出右手亦進左足。一步一組。學者於此拳中。當細研究其妙道焉。

第一節　（一）崩拳進步路線

路线图略。

第二节　崩拳起势

三才势。将左足极力向前直进步，右足同时紧后跟步，相离四五寸。两手同足进时攥上拳，右拳虎口朝上，肩肘暗含着劲，向前顺左肱，手腕上猛伸直出，高与心口相平；左拳以暗含劲向里扭成阴拳，同时往回拉至左胯前，阴拳

崩拳右起勢圖

第二節　崩拳起勢

三才勢。將左足極力向前直進步。右足同時緊後跟步相離四五寸。兩手同足進時攞上拳。右拳虎口朝上。肩肘暗含着勁。向前順左肱手腕上猛伸直出。高與心口相平。左拳以暗含勁向裏扭成陰拳。同時往回拉至左胯前陰拳停住。目视右拳虎口（崩拳右起势图一）。手足起落要相齐。

拳经云：

左足先开，　右足跟进。
胫对左踵，　腿屈势峻。
两掌变拳，　后阴前顺。
顺者力挽，　阴者前奋。
两手互易，　步法莫紊。

第三节　崩拳落势

将前姿势左足再向前进步，右足随同跟步。左手拳暗含着劲，虎口朝上，同足进时，顺右肱肘外手腕下往前极力发出；右手亦同左拳外发时，极力顺左肱回拉，拉至右胯前停住。目视左手虎口。头顶，

停住。目視右拳虎口。手足起落要相齊。

拳經云

左足先開。右足跟進。脛對左踵。骽曲勢峻。兩掌變拳。後陰前順。順者力挽。陰者前奮。兩手互易。步法莫紊。

崩拳左勢圖二

第三節　崩拳落勢

將前姿勢左足再向前進步。右足隨同跟步。左手拳暗含着勁虎口朝上。同足進時。順右肱肘外手腕下往前極力發出。右手亦同左拳外發時。極力順左肱回拉。拉至右胯前停住。目視左手虎口。頭頂。

腰挺，气垂。两肩松开（崩拳左势图二）。再换势。如起势第一图，落势第二图。多寡勿拘。回身总宜出左手左足再回身。

拳经云：

左足再进，　右足后跟。
右手力挽，　左拳阴伸。
手足齐出，　两手力均。
后拳成阴，　前拳要顺。
目视前手，　理要齐心。

第四节　崩拳回身法

崩拳回身，俟左拳打出时再回身。先将左手向里合劲，至左胯前阴拳停住。左足尖速向回，极力扣在右足跟后，左足跟与右足尖相对成斜八字势；右足亦同时，将足向外斜横，高提起进步。右手拳亦同足进身转时，向里扭成阴拳，如托物之势，往前极力伸发，俟右足着地时，将拳下翻成掌，往回拉劲至右胯前；左手亦同右拳下翻拉时，顺右肱往前伸发，扭劲成掌。形势左肩右膝，剪子股拗势，取名为狸猫倒上树（崩拳回身图三）。

腰挺。氣垂。兩肩鬆開。再換勢。如起勢第一圖。落勢第二圖。多寡勿拘。回身總宜出左手左足再回身。

拳經云

左足再進。右足後跟。右手力挽。左拳陰伸。手足齊出。兩手力均。後拳成陰。前拳要順。目視前手。理要齊心。

第四節　崩拳回身法

崩拳回身。俟左拳打出時。再回身。先將左手向裏合勁。至左胯前。陰拳停住。左足尖速向回極力扣在右足根後。左足根與右足尖相對。成斜八字勢。右足亦同時將足向外斜橫。高提起進步。右手拳亦同。足進身轉時。向裏扭成陰拳。如托物之勢。往前極力伸發。俟右足着地時。將拳下翻成掌。往回拉勁至右胯前。左手亦同右拳下翻。拉時。順右肱往前伸發。扭勁成掌。形勢左肩右膝。剪子股拗勢。取名爲貍貓倒上樹。

拳经云：

左扣右横，　随时转身。
右足横提，　右拳阴伸。
左拳抑抱，　推挽力均。
手足齐落，　两掌半阴。
后掌在肋，　前掌齐心。

（点校："抑"应为"仰"，据原稿《勘误表》改）

路线图略。

崩拳回身圖三

右轉回身路線

拳經云

左扣右横。隨時轉身。右足横提。右拳陰伸。左拳抑抱。推挽力均。手足齊落。兩掌半陰。後掌在肋。前掌齊心。

第三章　蹚拳讲义

蹚拳性属水，是一气之流通曲折无微不至也。蹚上如龙，突然出水，又似涌泉趵突上翻。取诸身内属肾，以拳中为蹚拳。其拳快似闪电，形似突泉，所谓属水者是也。拳势顺，则真劲突长，肾足气顺。拳势逆，则拙力横生，肾虚气乖，清气不上升，浊气不下降，真劲不长，拙力不化矣。学者当知之。三步一组，如左图。

第一节（一）　蹚拳进步路线

路线图略。

第二节　蹚拳起势

第三章　鑽拳講義

鑽拳性屬水。是一氣之流通曲折無微不至也。鑽上如龍。突然出水。又似湧泉。趵突上翻。取諸身內屬腎。以拳中爲鑽拳。其拳快似閃電。形似突泉。所謂屬水者是也。拳勢順則眞勁突長。腎足氣順。拳勢逆。則拙力橫生。腎虛氣乖。清氣不上升。濁氣不下降。眞勁不長。拙力不化矣。學者當知之。三步一組。如下圖。

第一節（一）鑽拳進步路線

第二節　鑽拳起勢

将三才势。两手同时攥上拳，左肱停住拳不回。再将左足往前垫步，右足随后往前大进步，左足后跟步。右拳亦同足进时向里拧劲，拧的手心朝上，用肩之力，将拳顺左肱肘上极力上蹿成阴拳，高与鼻齐；左拳亦同足进拳蹿时，顺右肱肘往下拉劲，至右肘下二三寸，手心朝下，阳拳停住。目视前手小指中节。头顶，肩垂，身挺（蹿拳右势图一）。手足起落，要相齐。

拳经云：

左足先开，　右足大进。
足落拳蹿，　覆拳宜迅。
左足斜跟，　右足仍顺。
前拳取鼻，　后拳肘近
手足与鼻，　列成直阵。

（点校："进"应为"近"，据原稿《勘误表》改）。

將三才勢。兩手同時攥上拳。左肱停住拳不回。再將左足往前墊步。右足隨後往前大進步。左足後跟步。右拳亦同足進時向裏擰勁。擰的手心朝上。用肩之力。將拳順左肱肘上極力上躦成陰拳。高與鼻齊。左拳亦同足進。拳躦時。順右肱肘往下拉勁。至右肘下二三寸。手心朝下。陽拳停住。目視前手小指中節。頭頂。肩垂。身挺。手足起落。要相齊。拳經云。左足先開。右足大進。足落拳躦。覆拳宜迅。左足斜跟。右足仍順。前拳取鼻。後拳肘進。手足與鼻。列成直陣。

躦拳右式圖一

第三节　躜拳落势

换势时，右足先往前垫步，左足往前大进步，右足后跟步。左拳亦同足前进时，向里合劲，合的手心朝上，顺右肱肘上极力上躜成阴拳，高齐鼻尖；右拳亦同足进拳躜时，向下扣劲，扣的手心朝下，顺左肱下拉至肘二三寸，阳拳停住。目视前手小指中节（躜拳左势图二）。再演手足起落。如一起势、二落势图。手数多寡勿拘。

拳经云：

右足已开，　左足大进。
右手回撤，　左手前奋。
右足紧跟，　左足仍顺。
手足齐落，　换势莫紊。
前拳取鼻，　后拳齐心。

第三節　躦拳落勢

換勢時。右足先往前墊步。左足往前大進步。右足後跟步。左拳亦同足前進。時向裏合勁合的手心朝上順右肱肘上極力上躦成陰拳高齊

躦拳左勢圖二

鼻尖。右拳亦同足進拳躦時。向下扣勁扣的手心朝下順左肱下拉至肘二三寸。陽拳停住。目視前手小指中節再演手足起落如一起勢二落勢圖。手數多寡勿拘。　拳經云。右足已開。左足大進。右手回撤。左手前奮。右足緊跟左足仍順。手足齊落。換勢莫紊。前拳取鼻。後拳齊心。

第四节　蹚拳回身法

左足在前，右转身；右足在前，左转身。转身时，先将左足尖向回扣步，扣在右足旁成斜八势；右足亦随左足扣时，仍顺前进。左手亦同足扣足进时，向上拳回扣，至左肩上，右手拳从肋顺胸极力上蹚，左拳俟右拳上蹚时，极力往回顺右肱拉回至肘，仍如前形。手足起落要相齐。目视前手小指中节（蹚拳右回身图）。收势仍归于原地休息。

路线图略。

第四節　躦拳回身法

左足在前。右轉身。右足在前。左轉身。轉身時。先將左足尖向回扣步。扣在右足傍成斜八勢。右足亦隨左足扣時。仍順前進。左手亦同足扣足進時。向上拳回扣。至左肩上。右手拳從肋順胸極力上躦。左拳俟右拳上躦時。極力往回順右肱拉回至肘。仍如前形。手足起落要相齊。目視前手小指中節。收勢仍歸於原地休息。

躦拳右回身圖

右轉進步路線

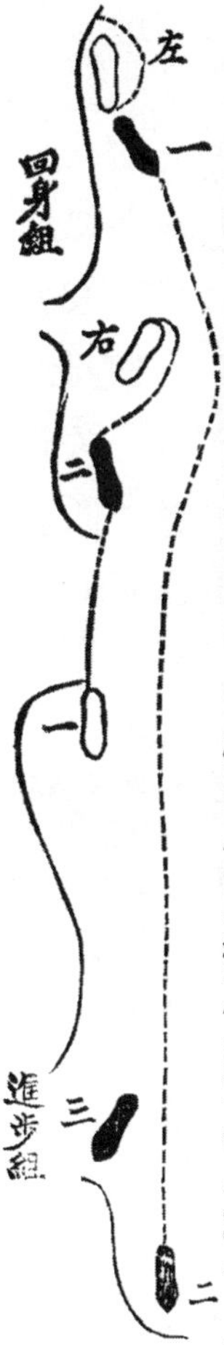

第四章　炮拳讲义

炮拳性属火，是一气之开合，如迫击炮之忽然子弹突出，形最猛，性最烈。取诸身内属心。以拳中为炮拳，形似烈火炮弹。所谓属火者是也。拳势顺，则身体舒畅，心气虚灵。拳势逆，则四体若愚，心气亦乖，关窍昧闭矣。学者务宜深究此拳也。四步一组，步径斜曲。图如左。

第一节（一）炮拳进步路线

（圆圈是足尖着地之迹）

路线图略。

（点校：据《勘误表》，下图左侧上边的“三组”应为“二组”）

第四章　炮拳講義

炮拳性屬火。是一氣之開合。如迫擊炮之忽然子彈突出。形最猛。性最烈。取諸身內屬心。以拳中爲炮拳。形似烈火炮彈。所謂屬火者是也。拳勢順。則身體舒暢。心氣虛靈。拳勢逆。則四體若愚。心氣亦乖。關竅昧閉矣。學者務宜深究此拳也。四步一組。步徑斜曲。圖如下。

第一節　(一)　炮拳進步路線　圓圈是足尖著地之跡

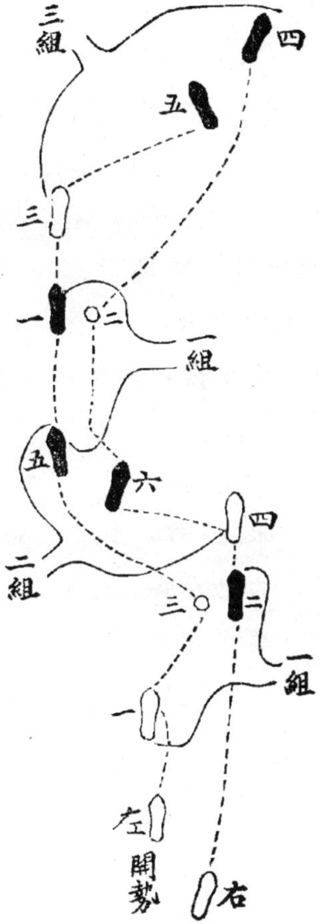

第二节　炮拳起势

三才势。左足先向前垫步，右足随手往前大进步，左足再随跟步，与右足相并，足尖着地，紧靠胫骨。左肱停住不折回。右手亦同足垫步大进时，手心朝下极力往前伸，与左手相齐，俟两足并立着地时，一齐往下怀中抱劲，至脐向上合劲，翻的手心朝上，紧靠脐根，两肱抱肋。头顶，身挺，腰垂，目平视（炮拳起势图一）。

拳经云：

左足先进，　右足随之。
右斜左提，　眼观一隅。
拳变阴拳，　右肋左脐。
有如丁字，　莫亢莫卑。
两肘加肋，　舌卷气息。

第二節　炮拳起勢

三才勢。左足先向前墊步。右足隨後往前大進步。左足再隨跟步。與右足相並。足尖着地緊靠脛骨。左肱停住不折回。右手亦同足墊步大進時。手心朝下極力往前伸。與左手相齊。俟兩足並立着地時。一齊往下

炮拳起勢圖一

懷中抱勁。至臍向上合勁。翻的手心朝上。緊靠臍根。兩肱抱肋。頭頂身挺腰垂目平視。

拳經云。左足先進右足隨之。右斜左提。眼觀一隅。掌變陰拳。右肋左臍有如丁字。莫亢莫卑。兩肘加肋。舌捲氣息。

第三节　炮拳落势

换势进步，先将右足垫步，左足随时往左斜方进步，右足再跟步，相离远近一尺二三寸。此足相离之姿势，总宜合法乎中（中者不偏不倚之谓也）。左手亦同足进时，顺着身子往上蹭拳，蹭至头正额处，向外拧劲，拧至手心朝外，高与眉齐，肘起与肩平；右手亦同足进，左拳上蹭外翻时，从心口往前直出，与崩拳出手势相同。目视前手虎口（炮拳落势图二）。手足起落蹭翻，总要一气相齐。左右换势，手足身法均相同。数之多寡自便。

第三節　炮拳落勢

換勢進步。先將右足墊步。左足隨時往左斜方進步。右足再跟步相離遠近一尺二三寸。此足相離之姿勢。總宜合法乎中。（中者不偏不倚

炮拳落勢圖二

之謂也）左手亦同足進時順着身子往上鑽拳。鑽至頭正額處。向外擰勁。擰至手心朝外。高與眉齊。肘起與肩平。右手亦同足進。左拳上鑽外翻時。從心口往前直出。與崩拳出手勢相同。目視前手虎口。手足起落鑽翻。總要一氣相齊。左右換勢。手足身法均相同。數之多寡自便。

拳经云：

右拳顺出，　如石之投。

左拳外翻，　置之眉头。

足提者进，　与左拳侔。

左右互换，　勿用他求。

试详路线，　如龙如蚪。

第四节　炮拳回身法

左足在前右转身，右足在前左转身。转身时，将左足往回扣至右足旁着地，右足随转身时提起靠左足胫骨。两拳亦同身转，足着地时，向怀中抱劲，抱至手心朝上紧靠丹田。目视右方（炮拳回身势图三）。仍斜打。譬如路线，南北转身，前打东南者，转身后，则打东北。四隅皆依此类。推再换势。进步、手法、步法，仍与起落二势图相同。回身一隅

拳經云。右拳順出。如石之投。左拳外翻。置之眉頭。足提着進。與左拳伴。左右互換。勿用他求。試詳路線。如龍如蚪。

第四節　炮拳回身法

左足在前右轉身。右足在前左轉身。轉身時。將左足往回扣至右足傍着地。右足隨轉身時提起靠左足脛骨。兩拳亦同身轉。足着地時。向懷中抱勁。抱至手心朝上緊靠丹田。目視右方。仍斜打譬如路線南北。轉身前打東南者。轉身後。則打東北。四隅皆依此類推。再換勢進步。手法步法。仍與起落二勢圖相同。回身一隅

炮拳回身勢圖一

路线，图如左。收势归原休息。

路线图略。

第五章　横拳讲义

横拳性属土,是一气之团聚而后分散也。取诸身内为脾。脾属土，土旺则脏腑滋和，百疾不生，所谓属土者是也。取之于拳为横拳。拳势顺，似土之活，滋生万物，五脏和霭，一气灌溉。拳势逆，气努力拙，内伤脾土，五脏失调，外似死土，万物不生。故此拳为五拳之要素。学者，宜慎思明辨之。

步法斜径，类劈蹪而非直线。其弯曲又似炮拳。三步一组。如左图。

第一节（一）　横拳进步路线

路線。圖如下。收勢歸原休息。

右轉回身

進步路線

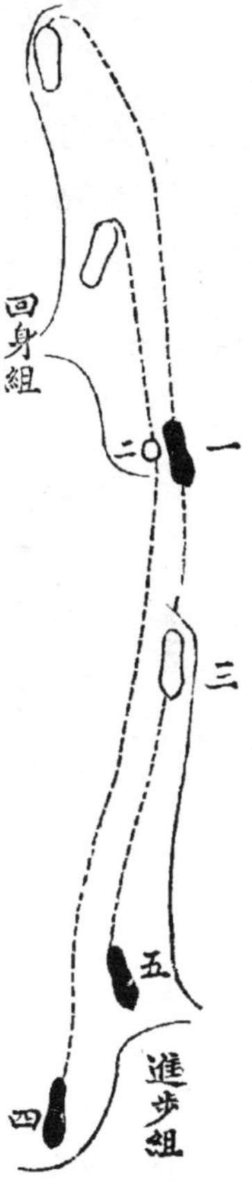

第五章　橫拳講義

橫拳性屬土。是一氣之團聚而後分散也。取諸身內爲脾。脾屬土。土旺則臟腑滋和。百疾不生。所謂屬土者是也。取之於拳爲橫拳。拳勢順。似土之活。滋生萬物。五臟和靄。一氣灌溉。拳勢逆。氣努力拙。內傷脾土。五臟失調。外似死土。萬物不生。故此拳爲五拳之要素。學者宜愼思明辨之。步法斜徑。類劈躦而非直線。其灣曲又似炮拳。三步一組。如下圖

第一節　(一)　橫拳進步路線

路线图略。

第二节　横拳起势

三才势。先将左足向后退,提起靠右足里胫骨。两手同足退时，一齐攥上拳，左肱屈挺向里扭劲，扭至手心朝上；右拳亦向里扭至手心朝上，进至左肘下靠住，两肩向里合扣。目视左手阴拳小指中节（横拳起势图一）。

拳经云：

左足退

横拳起勢圖一

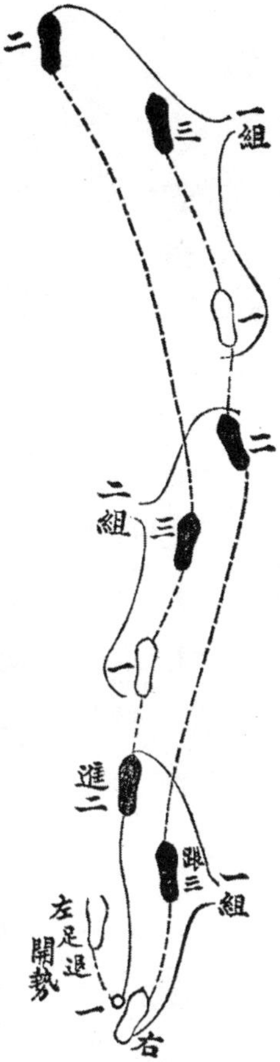

第二節　横拳起勢

三才勢。先將左足向後退。提起靠右足裏脛骨。兩手同足退時。一齊攥上拳。左肱曲挺向裏扭勁。扭至手心朝上。右拳亦向裏扭至手心朝上。進至左肘下靠住。兩肩向裏合扣。目視左手陰拳小指中節。　拳經云。左足退提，　右足孤立。

两手成拳，　前阴后阳。

阴者平肩，　阳者肘匿。

眼平身正，　舌卷屏息。

停峙虽暂，　厚其足力。

第三节　横拳落势

再进步换势。先将左足极力往前进步，右足随后紧跟步。右手心向上，亦同足进跟时，顺左肱肘外往上起蹟，顺左膝成阴拳；左手拳亦同时向里合劲，顺右肱回拉劲，至脐根，拳心朝下靠住。身斜步拗，目视右手阴拳小指中节（横拳落势图二）。再演进步换势。前足先进，后手顺肱上拧前进而蹟。后足大进，前手回拉里扣而翻。既进

提。右足孤立。兩手成拳。前陰後陽。陰者平肩。陽者肘匿。眼平身正。舌捲屏息停峙。雖暫。厚其足力。

第三節　橫拳落勢

再進步換勢。先將左足極力往前進步。右足隨後緊跟步。右手心向上。

橫拳落勢圖二

亦同足進跟時。順左肱肘外往上起蹬。順左膝成陰拳。左手拳亦同時向裏合勁。順右肱回拉勁。至臍根拳心朝下靠住。身斜步坳。目視右手陰拳小指中節。

——再演進步換勢。前足先進。後手順肱上摔前進而蹬。後足大進。前手回拉裏扣而翻。既進之足复为后跟。数之多少，自便。回身势，宜出右手，左足再回身。

拳经云：

足进而落，　已成剪形。
后拳外蹬，　前拳退行。
蹬翻小指，　退与肘平。
下拳横出，　故以横名。
手足变换，　反用则成。

第四节　横拳右转回身法

右足在前左转身，左足在前右转身。转身时，前足尖回扣，扣在后足外旁，后足随进，扣足再跟。右手拳回，扣在左肩上；左手同时与足前进从肘外上拧而蹬，扣肩之手同时亦往下拉劲（横拳右转回身法图三）。手法、足法、目标，与前势相同。收势归于原地休息。

之足復爲後跟。數之多少。自便。回身勢。宜出右手。左足再回身。拳經云。足進而落。已成剪形。後拳外蹟。前拳退行。蹟翻小指。退與肘平。下拳横出。故以横名。手足變換。反用則成。

第四節　横拳右轉回身法

横拳右轉回身法圖三

右足在前左轉身。左足在前右轉身。轉身時。前足尖回扣。扣在後足外傍。後足隨進。扣足再跟。右手拳。回扣在左肩上。左手同時與足前進。從肘外上摔而蹟。扣肩之手同時亦往下拉勁。手法。足法。目標。與前勢相同。收勢歸於原地休息。

路线图略。

第六章　五行合一进退连环拳讲义

连环者,是五行变化合一之势也。五行分演，则谓之五行拳，而为五纲也；合演，则谓之七政，而为连环也。五拳合为一套，倏进倏退，循环连珠，陆离光怪，贯为一气，进退无常，故谓之进退连环拳。

练习连环拳以五行拳为母。五拳未能习熟，不必学连环拳。此拳共有十六势，进退各法，往复练之范围亦小，是亦有引长之法。练习于宽地不见其短。引长之法，至十六节不转身，仍打崩拳，接前势，则往复足六十四势矣。且连环拳法以应用为主。连环拳可以连环用之，握之则成拳，伸之则成掌，故可变为连环掌。此徒手之应用也。刀剑棍枪戟铲鞭锏，无不可用，有刃则砍，有锋者则刺，无锋刃者则打，不过手势之变化耳。故器械无论大小、长短、双单，皆可包括无遗。苟明变化之功，何往而不应用哉。

横拳回身路線

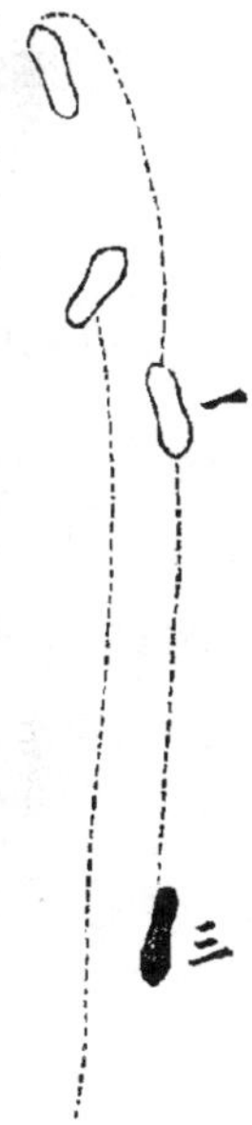

第六章　五行合一進退連環拳講義

連環者。是五行變化合一之勢也。五行分演則謂之五行拳而爲五綱也。合演則謂之七政。而爲連環也。五拳合爲一套。倏進倏退。循環連珠陸離光怪。貫爲一氣。進退無常。故謂之進退連環拳。——練習連環拳以五行拳爲母。五拳未能習熟。不必學連環拳。此拳共有十六勢。進退各法。往復練之範圍亦小。是亦有引長之法。練習於寬地不見其短。引長之法。至十六節不轉身。仍打崩拳。接前勢。則往復足六十四勢矣。且連環拳法以應用爲主。連環拳可以連環用之。握之則成拳。伸之則成掌。故可變爲連環掌。此徒手之應用也。刀劍棍槍戟鏈鞭鐧。無不可用。有刃則砍。有鋒者則刺。無鋒刃者則打。不過手勢之變化耳。故器械無論大小長短雙單。皆可包括無遺。苟明變化之功。何往而不應用哉。

第一节　进退连环路线图

路线图略。

第二节　连环崩拳

初势仍用三才势开首。继则两手攥拳。先由左足进步，向前。右足紧跟右手拳，虎口朝上，同时顺左肘往前极力直出；左手亦同时往后拉至身边紧靠胯前。目视前手虎口（连环崩拳图）。势如行军阵图，冲锋直击之意。与崩拳初势相同。

第一節 進退連環路線圖

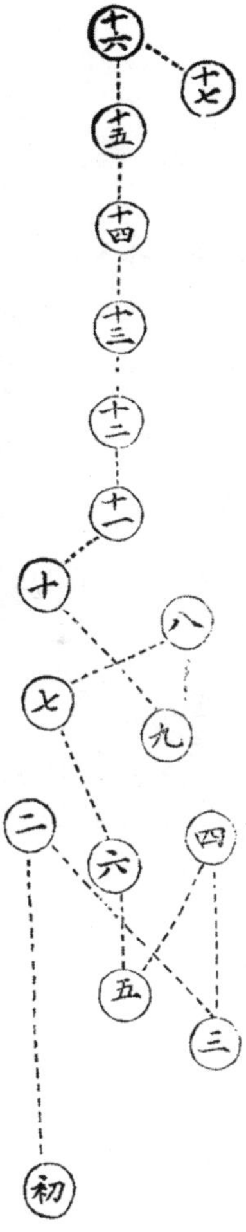

第二節連環崩拳圖

第二節

初勢仍用三才勢開首。繼則兩手攥拳。先由左足進步。向前。右足緊跟右手拳。虎口朝上。同時順左肘往前極力直出。左手亦同時往後拉至身邊緊靠胯前。目視前手虎口。勢如行軍陣圖。衝鋒直擊之意。與崩拳初勢相同。

第三节　连环拳换势

右足向后退步，左足向右足后大退步。左手亦同时向里拧劲，拧至手心朝上，顺右肱肘外极力伸蹬，与右膝相顺；右手向里合劲，合至手心朝下，顺左肱回拉至右胯，翻成阴拳停住。左肩右膝身拧步拗剪子股势。目视前手小指中节（青龙出水图）。如行军阵图，出左翼，名为青龙出水，又谓退步横拳。

第四节　连环拳换势

第三節　連環拳換勢

右足向後退步。左足向右足後大退步。左手亦同時向裏摔勁。摔至手心朝上。順右肱肘外極力伸躦。與右膝相順。右手向裏合勁。合至手心朝下。順左肱回拉至右胯。翻成陰拳停住。左肩右膝身摔步坳剪子股勢。目視前手小指.中節。如行軍陣圖。出左翼。名爲青龍出水。又謂退步橫拳。

第三節青龍出水圖

第四節　連環拳換勢

再将右足往前直进步，成顺势，左足稍动为斜横。右拳拧劲虎口朝上，亦同足进时，从右肋向前顺左肱与心口平，往前直出；左拳向里拧，拧至手心朝下，与右手前出，足进时往后拉，手心朝上，阴拳至右胯前停住。目视右手虎口（白虎出洞图）。此势如行军阵图，出右翼，名为白虎出洞，又谓顺步崩拳。

再將右足往前直進步。成順勢。左足稍動爲斜橫。右拳擰勁虎口朝上。亦同足進時。從右肋向前順左肱與心口平。往前直出左拳向裏擰。擰至手心朝下。與右手前出。足進時往後拉。手心朝上。陰拳。至右胯前停住。目視右手虎口。此勢如行軍陣圖。出右翼。名爲白虎出洞。又謂順步崩拳。

第四節白虎出洞圖

第五节　连环拳换势

先将左足向后垫步，右足随后跟步，与左足相并立。右拳亦同时向怀中抱回紧靠脐上，与左拳相并，两拳手心朝上，两肩合扣，两肱抱肋。目顺右肩平视（猛虎归洞图）。此势如行军阵图，两翼翕合，又谓之猛虎归洞。

第五節　連環拳換勢

先將左足向後墊步。右足隨後跟步。與左足相並立。右拳亦同時向懷中抱回緊靠臍上。與左拳相並。兩拳手心朝上。兩肩合扣兩肱抱肋。目順右肩平視。此勢如行軍陣圖。兩翼翕合。又謂之猛虎歸洞。

第五節猛虎歸洞圖

第六节　连环拳换势

左足不动，右足仍向右，斜顺进步。两拳手心向里，同时顺胸上起至头额正处，再将两拳向外拧劲，拧至手心向外成十字形，随往左右分开，如画上半圆形，两肱各顺肩，两拳手心朝上。目视右手大指中节（白鹤展翅图）。此势如行军阵图，两翼分张之意，拳名鹘形，通称谓之白鹤大展翅。

第六節　連環拳換勢

左足不動。右足仍向右斜順進步。兩拳手心向裏。同時順胸上起至頭額正處。再將兩拳向外掙勁。掙至手心向外成十字形。隨往左右分開。如畫上半圓形。兩肱各順肩。兩拳手心朝上。目視右手大指中節。此勢如行軍陣圖兩翼分張之意。拳名鶻形。通稱謂之白鶴大展翅。

第六節白鶴展翅圖

第七节　连环拳换势

左足先向左斜方进步，右足随后跟步，足尖点地，紧靠左足胫骨。两拳同时分左右向下翻落，如画下半圆形，往怀中合抱变成阴拳，紧靠脐腹，右手拳在左手心内托住。头顶劲，肩合劲，目向右方平视（猛虎蹲穴图）。势如行军阵图，两翼合一，谓之炮拳；合身，又名猛虎蹲穴。

第七節　連環拳換勢

左足先向左斜方進步。右足隨後跟步。足尖點地。緊靠左足脛骨。兩拳同時分左右向下翻落。如畫下半圓形。往懷中合抱變成陰拳。緊靠臍腹。右手拳在左手心內托住。頭頂勁。肩合勁。目向右方平視。勢如行軍陣圖。兩翼合一。謂之炮拳。合身。又名猛虎蹲穴。

第七節猛虎蹲穴圖

第八节　连环拳换势

左足不动，右足随向右方进步。右拳同时上起，起至眉前为度，起时拳朝外拧，拧至手心朝外；左拳虎口朝上，于右足进步时，同时左拳突向前直出，与右膝相顺。目视前手虎口（猛虎出洞图）。势如行军阵图，两翼合一直击锐进，故名炮拳，又谓之猛虎出洞。

第八節　連環拳換勢

左足不動。右足隨向右方進步。右拳同時上起。起至眉前為度。起時拳朝外捽。捽至手心朝外。左拳虎口朝上。於右足進步時同時左拳突向前直出。與右膝相順。目視前手虎口。勢如行軍陣圖兩翼合一直擊銳進。故名炮拳。又謂之猛虎出洞。

第八節猛虎出洞圖

第九节　连环拳换势

左足不动，右足向后退步。右手拳同时向里合肘，合至阴拳，与左肩平顺；左手拳向怀合抱，成阴拳至脐上，从心口上蹿，顺右肱肘里，往前劈出，变成半阴阳拳；右手拳亦同左拳往前劈时，往回极力拉劲，至右胯前，变成阴阳掌，大指紧靠小腹。目视前手食指梢（退步鹰捉图）。势如行军阵图，两翼合一，退步返击之意，谓之包裹，故名退步鹰捉，通称劈拳。

第九節　連環拳換勢

左足不動。右足向後退步。右手拳同時向裏合肘。合至陰拳。與左肩平順。左手拳向懷合抱。成陰拳至臍上。從心口上躦。順右肱肘裏往前劈出。變成半陰陽掌。右手拳亦同左拳往前劈時。往回極力拉勁。至右胯前。變成陰陽掌。大指緊靠小腹。目視前手食指稍。勢如行軍陣圖。兩翼合一。退步返擊之意。謂之包裹。故名退步鷹捉。通稱劈拳。

第九節退步鷹捉圖

第十节 连环拳换势

左足向前进步，右足微跟步。左手同时合劲，屈回至心口，中指、无名指、小（点校：“食”应为“小”，据原稿《勘误表》改）指蜷回，大指、食指伸开，手心朝上，从胸往上拧，向左横劲，分开伸出。此势连演两次。右手俟左手二次再出时，将中指、无名指、小指蜷回，大指、食指分开，手心朝上，从右肋向左肘里上蹿，往右横劲。分开肘要齐心，手要顺膝，身屈形坳，两膝相合。左手腕同时向下翻劲，往回拉至左胯，手心朝下，脐旁停住。目视前手食指梢（双龙出水图）。此势真意为鼍形，性属土，在拳名横，势如行军

第十節　連環拳換勢

左足向前進步。右足微跟步。左手同時合勁。曲回至心口。中指。無名指。食指。拳回。大指。食指。伸開。手心朝上。從胸往上摔。向左橫勁。分開伸出。

第十節雙龍出水圖

此勢連演兩次。右手俟左手二次再出時。將中指無名指小指拳回。大指食指分開。手心朝上。從右肋向左肘裏上鑽。往右橫勁。分開肘要齊心。手要順膝。身曲形坳兩膝相合。左手腕同時向下翻勁。往回拉至左胯。手心朝下。臍傍停住。目視前手食指稍。此勢眞意為鼉形。性屬土。在拳名橫。勢如行軍

阵图双龙出水

第十一节　连环拳换势

左足往前先垫步，右足尖向外，斜横着进步。左手同时往里合至手心朝上，从胸上蹿，顺右肱，往前伸至极处，将手下翻成掌，与右膝相顺；右手亦同足进，左手上蹿时，向里扣劲，往回拉至右胯，成阳掌，大指紧靠小腹。两肩松开，垂劲，头顶劲，身屈，两腿形如剪子股势。目视左手食指梢（狸猫上树擒拿图）。如行军阵图，爪牙之势，又谓之狸猫上树，擒拿燕鹊之形也。

陣圖雙龍出水。

第十一節　連環拳換勢

左足往前先墊步。右足尖向外斜橫着進步。左手同時往裏合至手心朝上。從胸上躦。順右肱往前伸至極處將手。下翻成掌。與右膝相順。右手亦同足進左手上躦時。向裏扣勁。往回拉至右胯。成陽掌。大指緊靠小腹。兩肩鬆開。垂勁。頭頂勁。身曲兩骽形如剪子股勢。目視左手食指稍。如行軍陣圖爪牙之勢。又謂之貍猫上樹。擒拿燕鵲之形也。

第十一節狸猫上樹擒拿圖

第十二节　连环拳换势

先将右足向前垫步，左足极力向前大进步，右足再后跟步，两足相离四五寸。右手同时攥上拳，虎口朝上，齐心口，往前顺左肱，极力猛伸；左手亦同足进，拳出时，攥上拳，往回拉，向里合劲，将手心翻上，至左脐旁，紧靠停住。目视右手虎口（快步崩拳图）。两足两手之意，是换势快步崩拳，势如行军直进击敌，谓之追风赶日不放松之法也。

第十二節　連環拳換勢

先將右足向前墊步。左足極力向前大進步。右足再後跟步。兩足相離四五寸。右手同時攥上拳。虎口朝上齊心口。往前順左肱。極力猛伸。左手亦同足進拳出時。攥上拳。往回拉向裏合勁。將手心翻上。至左臍傍緊靠停住。目視右手虎口。兩足兩手之意。是換勢快步崩拳。勢如行軍直進擊敵。謂之追風趕日不放鬆之法也。

第十二節快步崩拳圖

第十三节　连环拳换势

右足不跟，左足向前直进步。左手同时将拳虎口拧上，往前顺右肱，手腕直进，极力猛抖，催出，与左膝相顺；右手拳同时抓回，往后拉劲，拉至右胯前，拳心朝上，靠紧脐腹。两肩内合，外开头顶，身挺。目视左手拳虎口（顺势崩拳图）。势如行军阵图，承上联下，合为一气，如连珠箭直击敌之意，谓之一步顺势崩拳。

第十三節　連環拳換勢

右足不跟左足向前直進步。左手同時將拳虎口捧上。往前順右肱手腕直進。極力猛抖催出。與左膝相順。右手拳同時抓回往後拉勁。拉至右胯前。拳心朝上。靠緊臍腹。兩肩內合外開。頭頂。身挺。目視左手拳虎口。勢如行軍陣圖。承上聯下。合爲一氣。如連珠箭直擊敵之意。謂之一步順勢崩拳。

第十三節順勢崩拳圖

第十四节　连环拳换势

左足不进，右足尖向前斜横着进步。右手拳同时向里拧，拧至拳心朝上，从胸上蹿，往前极力屈伸，肘顺心口，拳与鼻齐；左手拳，亦同时下扣，抓回向后拉至脐上，拳心朝下。身子阴阳相合，小腹放在右大腿上，两腿剪子股形。头顶项竖，目视前阴拳小指中节（熊形出洞图）。谓之熊形出洞。

第十四節　連環拳換勢

左足不進。右足尖向前斜橫着進步。右手拳。同時向裏擰。擰至拳心朝上。從胸上鑽。往前極力曲伸。肘順心口。拳與鼻齊。左手拳。亦同時下扣。抓回向後拉至臍上。拳心朝下。身子陰陽相合。小腹放在右大腿上。兩腿剪子股形。頭頂項豎。目視前陰拳小指中節。謂之熊形出洞。

第十四節熊形出洞圖

第十五节　连环拳换势

右足不动，左足向前进步。左手拳，同时向里拧，从胸上蹪，顺右肱，推劲至极处，将手腕向下翻扣，变成阴阳掌；右手拳，亦同时向下翻扣，成阳掌，往后拉回，至脐紧靠。头顶肩扣，两肱屈伸。目视左手食指尖（步步鹰熊图）。拳名谓之鹰捉。鹰熊二形合演，谓之斗志。此二势，在连环拳内演之，谓之步步鹰熊。

第十六节　连环拳回身法

回身，与崩拳回身之法相同。拳名，为狸猫返身倒上树。此势如行军败

第十五節　連環拳換勢

右足不動。左足向前進步。左手拳同時向裏捋。從胸上躦。順右肱。推勁。至極處。將手腕向下翻扣變成陰陽掌。右手拳。亦同時向下翻扣。成陽掌。往後拉回。至臍。緊靠頭頂肩扣。兩肱曲伸。目視左手食指尖。拳名謂之鷹捉。鷹熊二形合演。謂之門志。此二勢在連環拳內演之謂之步步鷹熊。

第十五節步步鷹熊圖

第十六節　連環拳回身法

回身。與崩拳回身之法相同。拳名爲貍猫返身倒上樹。此勢如行軍敗中取胜之意。

拳经云：

左扣右横随势转身，
右足横提右拳阴伸，
左拳抑抱推挽力均，
手足齐落两掌半阴，
后掌在肋前掌齐心，
败中取胜势如行军，
狸猫抖威上树返身，
洞明道理五行归根。

（点校：“抑”应为“仰”，据原稿《勘误表》改。）

路线图略。

第十六節回身法圖

中取勝之意。拳經云。左扣右橫隨勢轉身。右足橫提右拳陰伸。左拳抑抱推挽力均。手足齊落兩掌半陰後掌在肋前掌齊心。敗中取勝勢如行軍。貍猫抖威上樹返身。洞明道理五行歸根。

第十七节　连环拳回演

先将右足垫步，左足再向前大进步，右足再跟。右手同时往前发出，左手拉回。形势与第二节崩拳同。

第十八节　连环拳

青龙出水与第三节势同。

第十九节　连环拳

白虎出洞与第四节势同。

第二十节　连环拳

猛虎归洞与第五节势同。

第二十一节　连环拳

白鹤展翅与第六节势同

第二十二节　连环拳

第十七節　連環拳回演

先將右足墊步。左足再向前大進步。右足再跟。右手同時往前發出。左手拉回。形勢與第二節崩拳同。

第十八節　連環拳

青龍出水與第三節勢同

第十九節　連環拳

白虎出洞與第四節勢同

第二十節　連環拳

猛虎歸洞與第五節勢同

第二十一節　連環拳

白鶴展翅與第六節勢同

第二十二節　連環拳

猛虎蹲穴与第七节势同。

第二十三节　连环拳

猛虎出洞与第八节势同。

第二十四节　连环拳

退步鹰捉与第九节势同。

第二十五节　连环拳

双龙出水与第十节势同。

第二十六节　连环拳

狸猫上树擒拿燕鹊与第十一节势同

第二十七节　连环拳

快步崩拳与第十二节势同。

第二十八节　连环拳

猛虎蹲穴與第七節勢同
第二十三節　連環拳
猛虎出洞與第八節勢同
第二十四節　連環拳
退步鷹捉與第九節勢同
第二十五節　連環拳
雙龍出水與第十節勢同
第二十六節　連環拳
貍猫上樹擒拿燕鵲與第十一節勢同
第二十七節　連環拳
快步崩拳與第十二節勢同
第二十八節　連環拳

顺势崩拳与第十三节势同

第二十九节　连环拳

熊形出洞与第十四节势同。

第三十节　连环拳

步步鹰熊与第十五节势同。

第三十一节　连环拳

狸猫返身上树与第十六节回身势同。

第三十二节　连环拳

仍归于右手崩拳势同。

第三十三节　连环拳

归原三才势停住休息。

順勢崩拳與第十三節勢同

第二十九節　連環拳

熊形出洞與第十四節勢同

第三十節　連環拳

步步鷹熊與第十五節勢同

第三十一節　連環拳

貍猫返身上樹與第十六節回身勢同

第三十二節　連環拳

仍歸於右手崩拳勢同

第三十三節　連環拳

歸原三才勢停住休息

第七章 五行生克拳术讲义

五拳者，五行也。五行有生、有克，而五拳亦有生克之理，故有五行生克拳之谓也。夫五行火生于寅，旺于午，绝在亥。亥属水，故克火。水生于申，旺于子，绝在已。已属土，故克水。木生于亥，旺于卯，绝在申。申属金，故克木。金生于已，旺于酉，绝在丙。丙属火，故克金。盖土生旺于戊已，而衰败在卯木。如金能生水，水能生木，木能生火，火能生土，土能生金。相反者为克，顺者为生。然五拳生克之义，阴阳消长之理，如循环之无端，拳术运用之无穷也。五行拳合一演习，是谓之连环；单习，是知致格物。总之在明明德，在止于至善而已。

先哲云：为金形止于劈，为木形止于崩，为水形止于蹟，为火形止于炮，为土形止于横。五行各用其所当，于是明心见性，至止于至善。故拳明五行生克变化，则进道矣。

第七章　五行生尅拳術講義

五拳者。五行也。五行有生有尅。而五拳亦有生尅之理。故有五行生尅拳之謂也。夫五行火生於寅。旺於午。絕在亥。亥屬水。故尅火。水生於申旺於子。絕在巳。巳屬土。故尅水。木生於亥。旺於卯。絕在申。申屬金。故尅木。金生於巳。旺於酉。絕在丙。丙屬火。故尅金。蓋土生旺於戊己。而衰敗在卯。木如金能生水。水能生木。木能生火。火能生土。土能生金。相反者爲尅。順者爲生。然五拳生尅之義。陰陽消長之理。如循環之無端。拳術運用之無窮也。五行拳合一演習。是謂之連環。單習是知致格物。總之在明明德。在止於至善而已。

先哲云。爲金形止於劈。爲木形止於崩。爲水形止於鑽。爲火形止於炮。爲土形止於橫。五行各用其所當。於是明心見性。至止於至善故拳明五行生尅變化。則進道矣。

第一节　五行生克拳合演

预备甲乙二人，上下合手，对舞。甲上手，乙下手。均站三才势。

乙先进步发手打崩拳。

甲两足与手同时往回退步，用左手扣乙的右拳，右手仍停在右肋。（第一图）

第一節

甲　乙

第一節　五行生尅拳合演

預備甲乙二人。上下合手。對舞。甲上手。乙下手。均站三才勢。乙先進步發手打崩拳。甲兩足與手同時往回退步。用左手扣乙的右拳。右拳右手仍停在右肋。

第二节　五行生克拳合演

乙再将左手发出打崩拳。

甲随将左足尖向外斜横着进步。左手同时向里合劲，与鹰抓出手势相同，蹿至乙的左手外边，手心朝下扣住乙的左手；右手从右肋顺自己的左肱往前劈出，劈乙的头面肩脖。右足与手同时进至乙的左足外后边落下。乙崩拳，甲劈拳。（第二图）

崩拳属木，劈拳属金，故劈拳能破崩拳，谓之金克木。

第二節　五行生尅拳合演

第二圖

乙再將左手發出打崩拳。甲隨將左足尖向外斜橫着進步。左手同時向裏合勁。與鷹抓出手勢相同。蹲至乙的左手外邊。手心朝下扣住乙的左手。右手從右肋順自己的左肱往前劈出。劈乙的頭面肩膀。右足與手同時進至乙的左足外後邊落下。乙崩拳。甲劈拳。崩拳屬木。劈拳屬金。故劈拳能破崩拳。謂之金尅木。

第三节　五行生克拳合演

乙两足不动。随将左拳手腕往上拧翻，翻的手心朝外，高与眉齐；右手拳向甲的心口窝发拳打出，（第三图）谓之炮拳。

崩拳属木，炮拳属火，木能生火，故崩拳能变炮拳。炮拳属火，火克金，所以炮拳能破劈拳也。

第三圖

甲　乙

第三節　五行生尅拳合演

乙兩足不動。隨將左拳手腕往上摔。翻翻的手心朝外。高與眉齊。右手拳向甲的心口窩發拳打出。謂之炮拳。崩拳屬木。炮拳屬火。木能生火。故崩拳能變炮拳。炮拳屬火。火尅金。所以炮拳能破劈拳也。

第四节　五行生克拳合演

甲随时将右足撤步退回。左拳往下落向里合劲，肘靠肋压住乙的右手；自己右手亦同时抽回右肋。左足同时向乙的左足里边进步。右拳手心向上顺着自己心口，与左足进步着地时，向着乙的左手里边下颏蹿出。两目视乙的眼。（第四图）此谓蹿拳能破炮拳。

劈拳属金，蹿拳属水，是金生水。劈拳能变蹿拳，水克火，故蹿拳能破炮拳也。

第四節　五行生尅拳合演

甲隨時將右足撤步退回。左拳往下落向裏合勁肘靠肋壓住乙的右手。自己右手亦同時抽回右肋。左足同時向乙的左足裏邊進步。右拳手心向上順着自己心口與左足進步着地時。向着乙的左手裏邊下頦蹿出。兩目視乙的眼。此謂蹿拳能破炮拳。劈拳屬金。蹿拳屬水。是金生水。劈拳能變蹿拳。水尅火。故蹿拳能破炮拳也。

第四圖

甲　乙

第五节　五行生克拳合演

乙右足微动不退，左足向后退一步。右拳同时撤回右肋，左手亦同时斜着向甲的肘上胳膊横劲推出。（第五图）

用横劲破甲的直劲，故谓横拳破蹿拳。炮拳属火，横拳属土，火能生土，所以炮拳能变横拳。土克水，横拳所以能破蹿拳也。

第五節　五行生尅拳合演

第五圖

甲　乙

乙右足微動不退。左足向後退一步。右拳同時撤回右肋。左手亦同時斜着向甲的肘上路膊橫勁推出。用橫勁破甲的直勁。故謂橫拳破躦拳。炮拳屬火。橫拳屬土。火能生土。所以炮拳能變橫拳。土尅水。橫拳所以能破躦拳也。

第六节　五行生克拳合演

甲左足向前垫步。右足跟步。右手同时向后拉回右肋，左手亦同时似箭一直冲着乙的心口击出。（第六图）是谓左手崩拳。

蹟拳性属水，崩拳性属木。水生木，是蹟拳能变崩拳。木克土，故崩拳能破横拳也。

第六節　五行生尅拳合演

第六圖

甲　乙

甲左足向前墊步。右足跟步。右手同時向後拉回右肋。左手亦同時似箭一直衝着乙的心口擊出。是謂左手崩拳。躦拳性屬水。崩拳性屬木。水生木。是躦拳能變崩拳。木尅土。故崩拳能破橫拳也。

第七节　五行生克拳合演

乙再将左手退回左肋。左足向后退回一步。右手同时发出扣甲左拳。（第七图）

第七圖

甲 乙

第七節　五行生尅拳合演

乙再將左手退回左肋。左足向後退回一步。右手同時發出扣甲左拳。

第八节　五行生克拳合演

甲再向前进步，打右手崩拳。

乙将右足撤回一步。右手退回右肋，左手伸出扣甲右拳。（第八图）

第八圖

甲　　乙

第八節　五行生尅拳合演

甲再向前進步。打右手崩拳。乙將右足撤回一步。右手退回右肋。左手伸出扣甲右拳。

第九节　五行生克拳合演

甲仍前进步出手直击，打左手崩拳。

乙两足向后退步。左手同时向甲左肱外边伸出扣住右拳。（第九图）

第九圖

甲　乙

第九節　五行生尅拳合演

甲仍前進步出手直擊。打左手崩拳。乙兩足向後退步。左手同時向甲左肱外邊伸出扣住右拳。

第十节　五行生克拳回身合演

乙右足向甲左足外边进步，右手拳向甲脖项劈出。（第十图）与甲第二图出手相同。

回身再演时，一切身手步法，甲乙二人互相变换。甲循乙的法势，乙循甲的法势。每演击一蹚，甲乙则互相换势一次。如此循环不已，变化亦属无穷。故圣云：大而化之之谓神，神而不知之之谓圣；又曰：唯天下至诚惟能化正，是五拳变化之妙谛也。

第十節　五行生尅拳回身合演

第十圖

甲　乙

乙右足向甲左足外邊進步。右手拳向甲脖項劈出。與甲第二圖出手相同。回身再演時。一切身手步法。甲乙二人互相變換。甲循乙的法勢。乙循甲的法勢。每演擘一蹚。甲乙則互相換勢一次。如此循還不已。變化亦屬無窮。故聖云。大而化之之謂神。神而不知之之謂聖。又曰。唯天下至誠惟能化正。是五拳變化之妙諦也。

下编　形意十二形讲义

夫十二形者，本诸天地化生而来也。曩昔本为十形，原属天干气数也。后者扩为十二形，原属地支气数也。干数十，支数十二。盖天之中数五，故气原乎天者，无不五。五气合一，一阴一阳故倍之成十。地之中数六，故气原乎地者，无不六。六气合一，一阴一阳故倍之成支。此十二形数之由来也。既有其数，而即取诸动物之特能，成为十二形。

十二形者，系龙、虎、猴、马、鼍、鸡、燕、鹞、鹘、蛇、鹰、熊是也。然诸物所具之特长及性能，人以身形物之形，物之意以人意悟之。此形意拳名之理源也。练之洁内华外，使人身四肢、五脏、六腑、七表、八里、九道、十二经络，无闭塞之处，而百病亦无发生之源。故拳中有四象、五行、六合、七政、八卦、九宫而化取十二形，以气通贯十二经络是也。夫学者，于形意十二形潜心玩索，洞明奇偶之数、阴阳之理，果无悖谬。久之不特强身，且能强种强国，胡不勉

下編形意十二形講義

夫十二形者。本諸天地化生而來也。曩昔本爲十形。原屬天干氣數也。後者。擴爲十二形。原屬地支氣數也。干數十。支數十二。盖天之中數五。故氣原乎天者。無不五。五氣合一。一陰一陽。故倍之成。十地之中數六。故氣原乎地者。無不六。六氣合一。一陰一陽。故倍之成。支此十二形數之由來也。既有其數。而即取諸動物之特能。成爲十二形。十二形者。係龍虎猴馬鼉鷄燕鷂鶻蛇鷹熊是也。然諸物所具之特長及性能。人以身形物之形。物之意。以人意悟之。此形意拳名之理源也。練之潔內華外。使人身四肢五臟六腑七表八裏九道十二經絡。無閉塞之處而百病亦無發生之源。故拳中有四象五行六合七政八卦九宮而化取十二形。以氣通貫十二經絡是也。夫學者於形意十二形。潛心玩索洞明奇偶之數。陰陽之理。果無悖謬。久之不特強身。且能強種強國。胡不勉力行之哉。

第一章　龙形讲义

龙者水中最灵猛之物，在卦属震为木，形本属阳，乃真阴物也。取诸于身而为离，属心。心属火，故道经有言龙从火里出；又为云，云从龙。龙之天性，有蛰龙翻浪升天之势，抖搜之威，游空探爪缩骨之精隐现莫测。取之于拳，则为龙形。此形之精意，神发于目，威生于爪，劲起于承浆之穴（任脉），与虎形之气循环相接。两形，一升、一降，一前、一后。以拳法之用，外刚猛，而内柔顺。形势顺，心内虚空，而心火下降，心窍开，而智慧生，即道家火候空空洞洞是也。形势逆，筋络难舒，则身被阴火焚烧矣。故曰：一波未定一波生，好似神龙水上行。忽而冲空高处跃，声光雄勇令人惊。学者于此形当深心格致，久则道理自得。

龙形路线三步一组。其步法类劈蹿，而非直线。如下图。

力行之哉。

第一章　龍形講義

龍者水中最靈猛之物。在卦屬震爲木。形本屬陽。乃眞陰物也。取諸於身而爲離屬心。心屬火。故道經有言龍從火裏出。又爲雲。雲從龍。龍之天性有蟄龍翻浪昇天之勢。抖搜之威。遊空探爪。縮骨之精。隱現莫測。取之於拳。則爲龍形。此形之精。意神發於目。威生於爪。勁起於承漿之穴。（任脈）與虎形之氣循還相接。兩形一昇一降。一前一後。以拳法之用。外剛猛而內柔順。形勢順。心內虛空。而心火下降。心竅開而智慧生。即道家火候空空洞洞是也。形勢逆。筋絡難舒。則身被陰火焚燒矣。故曰一波未定一波生。好似神龍水上行。忽而冲空高處躍。聲光雄勇。令人驚。學者於此形當深心格致。久則道理自得。龍形路綫三步一組。其步法類劈鑽。而非直綫。如下圖。

第一节　龙形进步路线

路线图略。

第二节　龙形右起落势

三才开势。先将左足向前垫步。两手同时攥上拳，身子向下塌劲，随时身向左拧，暗含顶劲上起之意。右手于左足垫步时，向里拧劲，拧至手心朝上，顺心口上蹿，膀扣腰缩，势如怒涛，往前如托送物之势，伸至极度为阴拳，高与肩齐，肘顺左膝；左手拳亦同时向回拉至左胯前，大指紧靠小腹。身曲形坳。目视右拳大指中节。

此节形势不停，再将右足提起，膝顶右肘，足前伸，斜向右边进步。身腰向右拧，暗含往上起劲。右手

第一節　龍形進步路綫

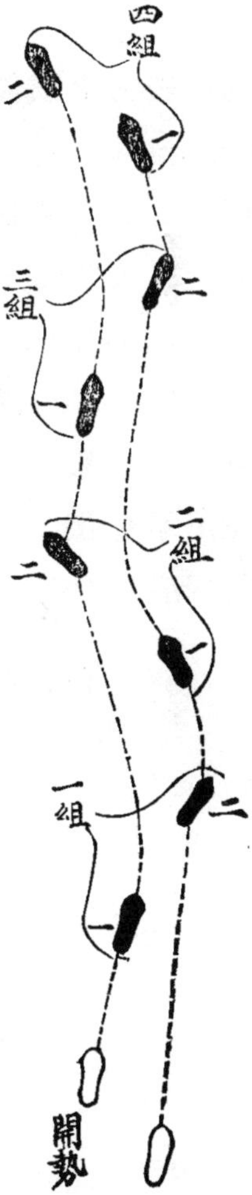

第二節　龍形右起落勢

三才開勢。先將左足向前墊步。兩手同時攥上拳。身子向下塌勁。隨時身向左擰。暗含頂勁上起之意。右手於左足墊步時。向裏擰勁。擰至手心朝上。順心口上鑽。膀扣腰縮。勢如怒濤。往前如托送物之勢。伸至極度為陰拳。高與肩齊。肘順左膝。左手拳亦同時向回拉至左胯前。大指緊。靠小腹。身㽎形坳。目視右拳大指中節。此節形勢不停。再將右足提起。膝頂右肘。足前伸。斜向右邊進步。身腰向右擰。暗含往上起勁。右手向外拧劲，极力上躜伸至极处（此起躜劲自然之起，躜发于丹田，而起于涌泉穴），再将手腕下翻成阳掌，五指抓劲，极力往回拉，拉至右胯，大指紧靠脐腹；左手于右足提起时，同时从心口顺右肱极力向前推劲，伸开下翻成半阴阳掌，与右膝相顺。身腰向下伏劲，将小腹放在右大腿上，头顶身伏，两腿相坳剪子股势。目视左手食指梢。停住，再演。（龙形右起落势图）

此龙形承上接下，贯为一气，不可中间隔断，谓之右势潜龙翻浪升天击地之形也。

第三节　龙形左起落势

第二節龍形右起落勢圖

向外擰勁極力上躦伸至極處。（此起躦勁自然之起躦發於丹田而起於湧泉穴）再將手腕下翻成陽掌。五指抓勁極力往回拉。拉至右胯。大指緊靠臍腹左手於右足提起時。同時從心口順右肱極力向前推勁。伸開下翻成半陰陽掌。與右膝相順。身腰向下伏勁。將小腹放在右大骽上。頭頂身伏。兩骽相坳剪子股勢。目視左手食指稍停住。再演此龍形承上接下。貫爲一氣。不可中間隔斷。謂之右勢潛龍翻浪升天擊地之形也。

第三節　龍形左起落勢

进步换势时，先将右足垫步。左右两手同时攥拳，右手拳仍在右胯，左手变拳极力向里拧劲，拉回至脐前，拳心朝上，再顺胸前，伸出伸至极处，肘顺右膝，拳与肩齐。头暗含上顶，身要拧劲上蹪。目视左手阴拳大指中节。

再将左足提起，膝顶左肘，足前伸，斜向左边进步，身腰向左拧往上起。左手向外拧往上蹪劲，伸之极度下翻成阳掌，五指抓回，向后拉劲，拉至左胯，大指紧靠脐旁停住；右手于左足提起时，同时从心口顺左肱极力向前推劲，至极度下扣变成阴阳掌，与左膝相顺。身腰向下伏劲，将小腹放在左大腿上，头顶，身

進步換勢時。先將右足墊步。左右兩手同時攥拳。右手拳仍在右胯。左手變拳極力向裏摔勁。拉回至臍前。拳心朝上。再順胸前伸出伸至極處。肘順右膝。拳與肩齊。頭暗含上頂。身要摔勁上躦。目視左手陰拳大

第三節龍形左起落勢圖

指中節。再將左足提起。膝頂左肘。足前伸。斜向左邊進步。身腰向左摔往上起。左手向外摔往上躦勁。伸之極度下翻成陽掌。五指抓回。向後拉勁。拉至左胯。大指緊靠臍傍停住。右手於左足提起時。同時從心口順左肱極力向前推勁。至極度下扣變成陰陽掌。與左膝相順。身腰向下伏勁。將小腹放在左大腿上。頭頂身

伏，两腿相坳，形如剪子股。目视右手食指（龙形左起落势图）。此谓之左势潜龙翻浪升天击地之势也。

再往前演，两手、两足，起落，蹿翻，仍如左右二势。惟换势，蹿手之时，目之视线，随手之上下为标准。数之多寡勿拘。

第四节　龙形回身法

左足在前右转身。右足在前左转身。转身时，左足尖向回扣，扣在右足旁，成八字势。两手同时攥拳，向怀中合劲，合至手心朝上，顺身上蹿，右手阴拳蹿至平鼻，肘在心口，拳顺左膝，左手阴拳在右肘下。目视右手阴拳。

右足亦提起顶右肘，足尖斜横，平

伏。兩骽相坳。形如剪子股。目視右手食指。此謂之左勢潛龍翻浪升天墜地之勢也。再往前演。兩手兩足起落躦翻。仍如左右二勢。惟換勢躦手之時。目之視線。隨手之上下爲標準。數之多寡勿拘。

第四節　龍形回身法

第四節龍形右回身勢圖

左足在前右轉身。右足在前左轉身。轉身時。左足尖向回扣。扣在右足傍。成八字勢。兩手同時攥拳向懷中合勁。合至手心朝上。順身上躦。右手陰拳躦至平鼻。肘在心口。拳順左膝。左手陰拳在右肘下。目視右手陰拳。右足亦提起。頂右肘。足尖斜橫平伸向右边斜着进步落地。右手拳同时翻扣、回拉，拉至右胯靠小腹；左手拳亦同时顺右肱极力向前伸开，下翻成半阴阳掌。两腿相坳，身腰下伏，将小腹放在右大腿上。目视左手食指梢。（龙形右起回身势图）

如收势仍归于原起点休息。

拳经云：

左足回扣，随势转身。
右足相提，右拳阴伸。
左拳抑抱，推挽力均。
手足齐落，两拳半阴。
后手在肋，前掌齐心。

（点校："抑"应为"仰"，据原稿《勘误表》改。）

路线图略。

第二章　虎形讲义

虎者山中猛兽之王。在卦属兑，为金。取之于身而为坎，属水，为肾。坎生风，风从虎。虎之天性，有离穴抖毛之威，扑食之勇，故道经有言：虎向水中生。此形与龙形之势，轮回相属，能通任开督。在丹经谓之水火交，而金木并，四象合和。取之于拳，为虎形。此形之威力，起于臀尾之劲（督脉），

伸向右邊斜著進步落地。右手拳同時翻。扣回拉。拉至右胯靠小腹。左手拳亦同時順右肱極力向前伸。開下翻成半陰陽掌。兩髎相坳身腰下伏。將小腹放在右大髎上。目視左手食指。稍如收勢。仍歸於原起點休息。——拳經云。左足回扣。隨勢轉身。右足相提。右拳陰伸。左拳抑抱推挽力均。手足齊落。兩拳半陰。後手在肋前。掌齊心。

右轉回身路線

第二章　虎形講義

虎者山中猛獸之王。在卦屬兌。爲金。取之於身而爲坎。屬水。爲腎。坎生風。風從虎。虎之天性有離穴抖毛之威。撲食之勇。故道經有言。虎向水中生。此形與龍形之勢。輪迴相屬。能通任開督。在丹經謂之水火交。而金木併四象合和。取之於拳。爲虎形。此形之威力起於臀尾之勁。督脈发动涌泉之穴。起落不见形，猛虎坐卧藏洞中。以拳之应用，外猛而内和。形势顺，则虎伏而丹田气足，能起真精补还于脑。道经云：欲得不老，还精补脑。正是此二形之要义也。形势逆，而灵炁不能灌溉三田，流通百脉，反为阴邪所侵，而身重浊不灵空矣。故曰：猛虎穴伏双抱头，长啸一声令胆惊。翻掀尾蹦随风起，跳涧抖搜施威风。学者最当注意，格务龙虎二形之理，得之于身心，则谓之性命双修。

虎形路线，如炮拳，则以三步一组。惟有不同者，手法步法耳。如左图。

第一节　虎形进步路线（圆圈是提足）

路线图略。

（点校：据《勘误表》，下图上中间的“一组”应为“三组”）

發動湧泉之穴。起落不見形。猛虎坐臥藏洞中。以拳之應用。外猛而內和。形勢順。則虎伏而丹田氣足。能起眞精補還於腦。道經云。欲得不老。還精補腦。正是此二形之要義也。形勢逆。而靈炁不能灌漑三田。流通百脈。反爲陰邪所侵。而身重濁不靈空突。故曰猛虎穴伏雙抱頭。長嘯一聲令膽驚。翻掀尾蹦隨風起。跳澗抖搜施威風。學者最當注意。格務龍虎二形之理。得之於身心。則謂之性命雙脩。虎形路線。如炮拳。則以三步一組。惟有不同者。手法步法耳。如下圖。

第一節　虎形進步路線 圓圈是提足

第二节　虎形起式

三才势。先将右手前伸，与左手相齐，往前向下斜伸直。左足同时垫步，右足极力向前大进步，左足亦同时再跟步，提起足尖着地，紧靠右足里胫骨。左右两手同时攥拳，俟右足进左足提跟时，向怀中合抱至脐，紧靠小腹，翻成阴拳，两肘加肋。头顶腰沉，舌卷气息，目前平视。（虎形起势一图）

第三节　虎形落势

再将右足向前垫步，左足同时向左边斜进步，着地，右足随同跟步，相

第二節　虎形起勢

三才勢。先將右手前伸。與左手相齊。往前向下斜伸直。左足同時墊步。

第二節虎形起勢一圖

右足極力向前大進步。左足亦同時再跟步。提起足尖着地。緊靠右足裏脛骨。左右兩手同時攥拳。俟右足進左足提跟時。向懷中合抱至臍。緊靠小腹。翻成陰拳。兩肘加肋。頭頂腰沉。舌捲氣息。目前平視。

第三節　虎形落勢

再將右足向前墊步。左足同時向左邊斜進步。着地。右足隨同跟步。相离一尺三四寸。此跟步总宜合各人之外五行姿势为佳。两拳亦同足着地时，顺前胸向上蹿，俟至下颏下，往前连蹿代翻扑出，两手大指根相对，虎口圆开，手与心口相平，两肱伸曲，肩外开劲。目视两手正中。（虎形落势二图）再演，两手与前足垫步之时，同时落至小腹，手心向上，两肘抱肋。如第二节一图。再进步出手如第三节二图。起蹿落翻，手法步法，均相同。数勿拘。回身总宜出左足之势，再回身。

第四节　虎形回身法

左足在前右转身，右足在前左转身。转身时，左足尖回扣，扣在右足旁

離一尺三四寸。此跟步總宜合各人之外五行姿勢爲佳。兩拳亦同足着地時。順前胸向上躦。俟至下頦下。往前連躦代翻撲出兩手大指根相對。虎口圓開。手與心口相平。兩肱伸曲。肩外開勁。目視兩手正中。再演兩手與前足墊步之時。同時落至小腹。手心向上。兩肘抱肋。如第二節一圖。再進步出手如第三節二圖。起躦落翻。手法步法。均相同。數勿拘。回身總宜出左足之勢。再回身。

第三節虎形落勢二圖

第四節　虎形回身法

左足在前右轉身。右足在前左轉身。轉身時。左足尖回扣。扣在右足傍成斜八字势，右足随跟，提起。两手同时攥拳，仍抱小腹。再进步换势，手足起落蹿翻，仍与前势相同。（虎形回身三图）收势归原休息。

拳经云：

左足回扣，右足随之。
左斜右提，眼观一隅。
掌变阴拳，右肋左脐。
有如丁字，莫亢莫卑。
两肘在肋，舌卷屏息。

路线图略。

第四節虎形回身三圖

右轉回身進步路線

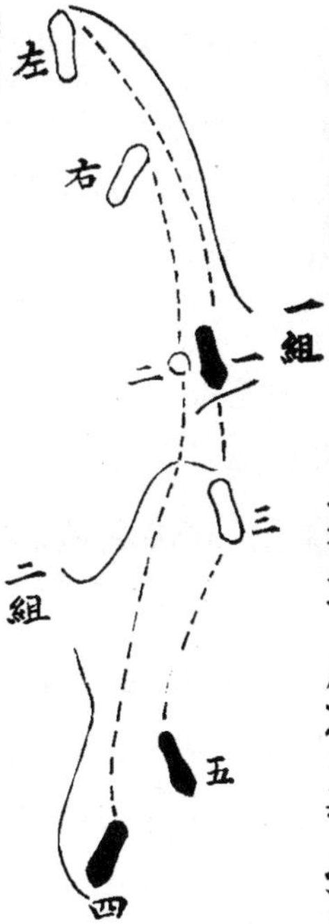

成斜八字勢。右足隨跟。提起。兩手同時攥拳。仍抱小腹。再進步換勢。手足起落鑽翻。仍與前勢相同。收勢歸原休息。拳經云。左足回扣。右足隨之。左斜右提。眼觀一隅。掌變陰拳。右肋左臍。有如丁字。莫亢莫卑。兩肘在肋。舌捲屏息。

第三章　猴形讲义

猴者最灵巧之物也，牲属阴土，取身内属脾，为心源。其性能，有纵山跳涧飞身之灵，有恍闪变化不测之巧。在拳用其形，故取名为猴形。以拳势言之，有封猴挂印之精，有偷桃献果之奇，有上树之巧，有坠枝之力，辗转挪移，神机莫测之妙。以形中最灵巧者，莫过于猴之为物也。故曰：

不是飞仙体自轻，　若闪若电令人惊。

看他一身无定势，　纵山跳涧一片灵。

然练时，其拳形和，则身体轻便，快利旋转如风。拳形不和，则心内凝滞，而身亦不能灵通矣。

此形之运用，与各形势不同，手、步法，是一阴一阳、一反一正。先练为阴，回演为阳。步法：一步、二步、三步、旋转身法。学者于此形，切不可忽略焉。

第一节　猴形进步路线（左右练法相同）

路线图略。

登枝之足不落地，转身落在右足后，足尖里扣。

第三章　猴形講義

猴者最靈巧之物也。牲屬陰土。取身內屬脾。為心源。其性能有縱山跳澗飛身之靈。有恍閃變化不測之巧。在拳用其形。故取名為猴形。以拳勢言之。有封猴掛印之精。有偷桃獻菓之奇。有上樹之巧。有墜枝之力。展轉挪移。神機莫測之妙。以形中最靈巧者。莫過於猴之為物也。故曰不是飛仙體自輕。若閃若電令人驚。看他一身無定勢。縱山跳澗一片靈。然練時其拳形和。則身體輕便。快利旋轉如風。拳形不和。則心內凝滯。而身亦不能靈通矣。此形之運用與各形勢不同。手步法是一陰一陽。一反一正。先練為陰。回演為陽。步法一步二步三步。旋轉身法。學者於此形切不可忽略焉。

第一節　猴形進步路線　左右練法相同

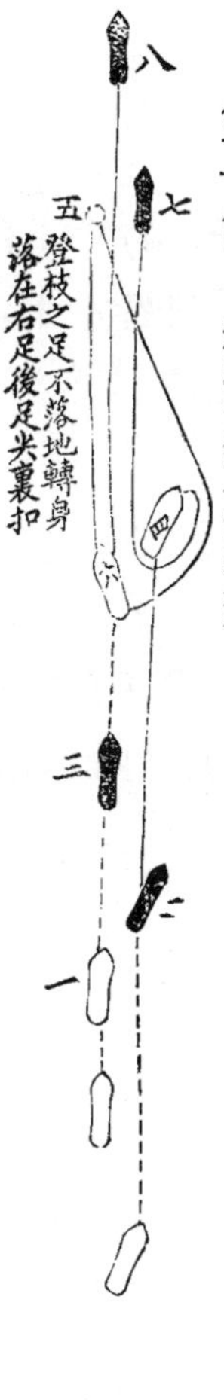

第二节　猴行起势

两仪开势。左手上起前伸与头顶相齐，右手下落至心口，两手如撕棉形，左右手半阴半阳。眼看左手食指梢。（左势封猴挂印图）为左势封猴挂印图。

第三节　猿猴偷桃献果

再换势。两足不进。左手停住不动，右手心向上顺左手肘外，上躜与左手相齐（为偷桃）；左手俟右手相齐之时，左手心向上扭劲，此时两手心皆向上，两掌相对。（猿猴偷桃献果图）名为白猿献果。

第二節 猴行起勢

兩儀開勢。左手上起前伸與頭頂。相齊。右手下落至心口。兩手如撕綿形。

第二節 猴形 左勢封猴掛印圖

左右手半陰半陽。眼看左手食指稍。爲左勢封猴掛印圖。

第三節 猿猴偷桃獻菓

再換勢。兩足不進。左手停住不動。右手心向上順左手肘外。上躦與左手相齊。(爲偷桃)左手俟右手相齊之時。左手心向上扭勁。此時兩手心皆向上。兩掌相對。名爲白猿獻菓。

第三節 猴形 猿猴偷桃獻菓圖

第四节　猿猴上树

再进步。两手下翻半阴半阳，攞的与心口相平，左手顺肩，肘顺肋，右手抱左肘上。左足先进，右足尖向外斜横，与两手下翻之时，同时再进。（猴形上树图）名为猿猴上树。

第五节　猿猴顺水推舟

右足落地未停之时，左足速往前进。左右手顺势推出，为顺水推舟。（猴形推舟图）一二三四势，手足不停，连环一气演习，不可中间停势为佳。

第四節 猿猴上樹

再進步。兩手下翻半陰半陽擺的與心口相平。左手順肩。肘順肋。右手抱

第四節 猴形 上樹圖

左肘上。左足先進。右足尖向外斜橫。與兩手下翻之時。同時再進。名為猿猴上樹。

第五節 猿猴順水推舟

右足落地未停之時。左足速往前進。左右手順勢推出。為順水推舟。一二

第五節 猴形 推舟圖

三四勢。手足不停。連環一氣。演習不可中間停勢為佳。

第六节　猿猴摘果

推舟势的两足足跟尖再起落不进。双手下落。身要屈头要顶。再推出仍落推舟势。再落下左手回撤至左肋，右手上起与肩相齐，中指、无名指、小指皆蜷回，大指、食指前伸如月芽形。眼看右手虎口。（猴形摘果图）为右手摘果。

第七节　猿猴坠枝

左足不动，右足斜横足尖向外前进。左手顺右手背与右足前进之时同时前出，如鹰捉之势。两手再随时上起，右手心向外向上拧劲，拧至齐右眉；左手向里合至手心朝上。顺鼻眼看左手大指梢。成左肩右膝斜势。（猴形坠枝图）为猿猴坠枝。

第六節　猿猴摘菓

推舟勢的兩足足根尖再起落不進。雙手下落。身要曲頭要頂。再推出仍落推舟勢。再落下左手回撤至左肋。右手上

第六節　猴形　摘菓圖

起與肩相齊。中指無名指小指皆拳回。大指食指前伸如月芽形。眼看右手虎口。為右手摘菓。

第七節　猿猴墜枝

左足不動。右足斜橫足尖向外前進。左手順右手背與右足前進之時同時前出。如鷹捉之勢。兩手再隨時上起。右手

第七節　猴形　墜枝圖

心向外向上擰勁。擰至齊右眉。左手向裏合至手心朝上。順鼻眼看左手大指稍。成左肩右膝斜勢。為猿猴墜枝。

第八节　猿猴登枝

右足不动，左足与坠枝同时提起与胯相平，蹬出踏人肋穴，或心口、气海，随心应用。头顶住劲。腰要活泼。看敌人之肩尖（猴形大登枝图）。名为猿猴大登枝。

第九节　猿猴转身右手封猴挂印

左登枝之足不落地，随右转身之时落在右足跟后，足尖向里扣；右足俟左足落时，速往前进，仍成踵对胫之斜势。左手曲回扣在右肩上，右手下抱左肋，俟转身右足前进之时，左手顺身下落至心，右手上起齐顶。（猴形右手挂印图）名为右手封猴挂印。

第八節　猿猴登枝

右足不動。左足與墜枝同時提起與胯相平。登出踏人肋穴。或心口氣海。

第八節　猴形　大登枝圖

隨心應用。頭頂住勁。腰要活潑。看敵人之肩尖。名爲猿猴大登枝。

第九節　猿猴轉身右手封猴掛印

左登枝之足不落地。隨右轉身之時落在右足根後。足尖向裏扣。右足俟左足落時。速往前進。仍成踵對脛之斜勢。

第九節　猴形　右手掛印圖

左手曲回扣在右肩上。右手下抱左肋。俟轉身右足前進之時。左手順身下落至心。右手上起齊頂。名爲右手封猴掛印。

第十节　猿猴扒杆

再换势。将左手从心口处望着右手上边出去，右手抽回右肋。左足与左手出时同进，再进步如鹰捉之势。（猴形扒杆图）数之多寡自便。

如回身，左手左足再转身。练扒杆法，两手心半阴半阳，如同上树之形。

第十一节　猿猴转背回身法

左手左足在前右转身，转时，左足尖往回里扣劲成斜横，右足随身转仍顺。左手随身转时拳回扣在右肩上，手心向肩尖如同扣住一般，次将右手随身转时上起齐眉，左手下落至肋，两手分开皆用抖力。（猿猴转背回身图）为回身右手封猴挂印。

第十節　猿猴抓杆

再換勢。將左手從心口處望著右手上邊出去。右手抽回右肋。左足與左手出時同進。再進步如鷹捉之勢。數之多寡自便。如回身左手左足再轉身。練抓杆法兩手心半陰半陽如同上樹之形。

第十節　猴形　抓杆圖

第十一節　猿猴轉背回身圖

第十一節　猿猴轉背回身法

左手左足在前右轉身。轉時。左足尖往回裏扣勁成斜橫。右足隨身轉仍順。左手隨身轉時拳回扣在右肩上。手心向肩尖如同扣住一般。次將右手隨身轉時上起齊眉。左手下落至肋。兩手分開皆用抖力。爲回身右手封猴掛印。

第十二节　猿猴扨绳

右手封猴挂印。回演再换势。右手右足抽回。右手抽在右肋。右足提回与左足相齐，足尖点地。左手顺右手抽回时前进，高与眉齐，胳膊弯曲。身要三曲势，头顶劲，腰塌劲，身正，眼平。（猿猴扨绳图）为十二势。

第十二節　猿猴扨繩

右手封猴掛印。回演再換勢。右手右足抽回。右手抽在右肋。右足提回與左足相齊足尖點地左手順右手抽回時前進。高與眉齊。胳膊灣曲。身要三曲勢。頭頂勁。腰塌勁。身正。眼平。為十二勢。

第十二節　猿猴扨繩圖

第十三節　附右手掛印十三圖

第十三节　猴形右手挂印（此处应为原稿丢失的文字）

路线图略。

再换势。左手抽回，右手右足再前进，仍落右手挂印（猿猴右手挂印图）。附十三图。

第十四节　猴形回演

猿猴偷桃献果与三节相同。

第十五节　猴形回演

猴形上树与四节相同。

第十六节　猴形回演

猴形顺水推舟与五节相同。

第十七节　猴形回演

猴形摘果与六节相同。

第十八节　猴形回演

猴形坠枝与七节相同。

回身後之提足路線

再換勢。左手抽回。右手右足再前進。仍落右手掛印。附十三圖。

第十四節　猴形回演

猿猴偷桃獻菓與三節相同

第十五節　猴形回演

猴形上樹與四節相同

第十六節　猴形回演

猴形順水推舟與五節相同

第十七節　猴形回演

猴形摘菓與六節相同

第十八節　猴形回演

猴形墜枝與七節相同

第十九节　猴形回演

猴形登枝与八节相同

第二十节　猴形回演

猴形转身左手封猴挂印与九节相同。

第二十一节　猴形回演

猴形扒杆与十节相同。

第二十二节　猴形回演

猴形转背左手封猴挂印与十一节相同

第二十三节　猴形回演（点校："法"应为"演"，据原稿《勘误表》改。）

猿猴扨绳与十二节相同。

第二十四节　猴形回演

猿猴左手封猴挂印与十三节相同。

第十九節　猴形回演

猴形登枝與八節相同

第二十節　猴形回演

猴形轉身左手封猴掛印與九節相同

第二十一節　猴形回演

猴形扒杆與十節相同

第二十二節　猴形回演

猴形轉背左手封猴掛印與十一節相同

第二十三節　猴形回法

猿猴扨繩與十二節相同

第二十四節　猴形回演

猿猴左手封猴掛印與十三節相同

第二十五节　猴形回演

附猿猴右手扨绳十二节、左手挂印十三节图列后。

右手在前左转身，转成左手封猴挂印。再将左足左手抽回，抽在左肋。左足提回与右足（点校："手"应为"足"，据原稿《勘误表》改）相齐，足尖点地。右手顺左手抽回时，前进，与眉相齐，胳膊屈弯。身要三曲势，头顶劲，腰塌劲，身正眼平（右手倒绳图）。名为猴扨绳。右手抽回，左手左足前

第二十五節　猴形回演

附猿猴右手扨繩十二節左手掛印十三節圖列後

右手在前左轉身。轉成左手封猴掛印。再將左足左手抽回。抽在左肋。左足提回與右手相齊足尖點地右手順左手抽回時前進與眉相齊胳膊曲灣。

附十二節　右手扨繩圖

附十三節　左手掛印圖

身要三曲勢。頭頂勁。腰塌勁。身正眼平。名爲猴扨繩。右手抽回。左手左足前

进，仍落左手挂印。（左手挂印图）收势休息。

第四章　马形讲义

马者，最仁义之灵兽，善知人之心，有垂缰之义，抖毛之威，有迹蹄之功，撞山跳涧之勇。取诸身内，则为意，出于心源，故道经名意马。意属脾，为土。土生万物，意变万象。以性情言，谓之心源。以拳中言，谓之马形。以拳法之用，有龙之天性，翻江倒海之威。此拳，外刚猛，而内柔和，有心内虚空之妙，有丹田气足之形。拳形顺，则道心生，阴火消灭，腹实而体健。拳形不顺，则心内不能虚灵，而意妄气努，五脏失和，清气不能上升，浊气不能下降，手足亦不灵巧矣。　故曰：

人学烈马迹蹄功，　战场之上抖威风。

英雄四海扬威武，　全凭此势立奇功。

学者于此形，尤宜注意而深究。步径直，两步一组。如左图。

第一节　马形进步路线

進。仍落左手掛印收勢休息。

第四章　馬形講義

馬者。最仁義之靈獸善知人之心。有垂韁之義。抖毛之威。有蹟蹄之功。撞山跳澗之勇。取諸身內則爲意。出於心源故道經名意馬。意屬脾。爲土。土生萬物。意變萬象。以性情言謂之心源。以拳中言謂之馬形。以拳法之用有龍之天性。翻江倒海之威。此拳外剛猛。而內柔和。有心內虛空之妙。有丹田氣足之形。拳形順則道心生。陰火消滅。腹實而體健。拳形不順則心內不能虛靈而意妄氣努。五臟失和。清氣不能上升。濁氣不能下降。手足亦不靈巧矣。故曰人學烈馬蹟蹄功戰場之上抖威風英雄四海揚威武全憑此勢立奇功。學者於此形。尤宜注意而深究。步徑直。兩步一組如下圖。

第一節　馬形進步路綫

路线图略。

第二节　马形右起势

三才势。先将左足尖向外横，斜着垫步。左手同时攥上拳，向里平着合劲，合至与肘相平，成半圆形，扣为阳拳，虎口向里与心口平齐；右手亦同时攥上拳，向里拧劲，手心朝上，顺身向前伸，至左手腕下，距离二三寸，后肘直对心口停

第二節馬形右起勢一圖

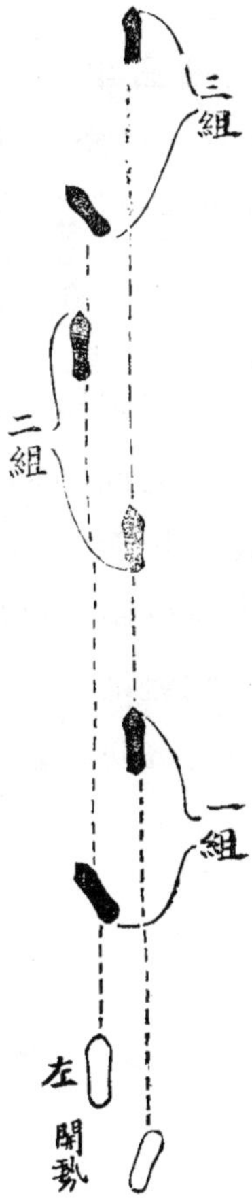

第二節　馬形右起勢

三才勢。先將左足尖。向外橫斜著墊步。左手同時攥上拳。向裏平著合勁。合至與肘相平。成半圓形。扣爲陽拳。虎口向裏與心口平齊。右手亦同時攥上拳。向裏擰勁。手心朝上。順身向前伸。至左手腕下。距離二三寸。後肘直對心口停

住。两肩里扣。头顶劲。身子阴阳相合。目前平视。（马形右起势一图）

此势谓之马形。摇身，即伏身前进之意也。

第三节　马形换势

左足不动，右足向左足前进步着地。右手同右足，进时极力向前伸劲，抖出与右膝相顺；左手亦同时向后拉劲，拉至右肘下，仍阳拳停住。两肩向外开展，头顶劲，身抖劲。目视右手大指根节。（马形换势二图）

此势谓之马形，抖毛硬撞山。前两势承上接下，演时一气贯彻，为合宜。再演则为左势，一切手法、步

住。兩肩裏扣。頭頂勁。身子陰陽相合。目前平視。此勢謂之馬形。搖身。即伏身前進之意也。

第三節　馬形換勢

左足不動。右足向左足前進步著地。右手同右足。進時極力向前伸勁。抖出與右膝相順。左手亦同時。向後拉。勁拉至右肘下。仍陽拳停住。兩肩向外開展。頭頂勁。身抖勁。目視右手大指根節。此勢謂之馬形。抖毛硬撞山。前兩勢承上接下。演時一氣貫徹。爲合宜。

第三節馬形換勢二圖

再演則爲左勢。一切手法。步

法，仍与前右势势法相同，循环左右。两势互相更换，次数多寡自便。

第四节　马形回身法

左足在前右转身，右足在前左转身。此势右足在前，左足在后。转身时，先以右足，顺左边向后回，扣至左足跟后。身势亦同时顺左边，向后转面。右手扣成阳拳，右肱仍作半圆形，虎口朝里向怀中合劲。左足亦随身回转时，足尖向前。左手仍作阳拳，扣在胸上，与右膝相顺。身斜步坳，头顶肩扣。目前平视。（马形回身三图）

谓之马形，摇肩伏身，势如第二节一图。再进步，换势。如第三节二

法。仍與前右勢。勢法相同。循環左右。兩勢互相更換。次數多寡自便。

第四節　馬形回身法

左足在前右轉身。右足在前左轉身。此勢右足在前。左足在後。轉身時。

第四節馬形回身三圖

先以右足。順左邊向後回。扣至左足根後。身勢亦同時順左邊。　向後轉面右手扣成陽拳。右肱仍作半圓形。虎口朝裏向懷中合勁左足亦隨身回轉時。足尖向前。左手仍作陽拳。扣在胸上。與右膝相順。身斜步拗。頭頂肩扣。目前平視。謂之馬形。搖肩伏身。勢如第二節一圖再進步換勢如第三節二图。收势归原地休息。

路线图略。

第五章　鼍形讲义

鼍者，水中物，龙之种，身体最有力，而最灵敏者也，有浮水之能，有翻江倒海之力。取诸身内，则为肾。以拳中之性能用其形，外合内顺，练之能消心君浮火，助命门之相火，满肾水活泼周身之筋络，化身体之拙气、拙力。拳形顺，丹田气足，而真精补还于脑，身轻如鼍之能，与水相合一气，而能浮于水面矣。拳形逆，则手足肩胯之劲，必拘束，而全身亦必不灵活矣。故曰：

鼍形须知身有灵，拗步之中藏奇精。

安不忘危危自解，与人何事须相争。

圖收勢歸原地休息。

馬形左轉回身
路線

第五章　鼉形講義

鼉者。水中物龍之種。身體最有力。而最靈敏者也。有浮水之能。有翻江倒海之力。取諸身內則爲腎。以拳中之性能用其形。外合內順。練之能消心君浮火。助命門之相火。滿腎水。活潑週身之筋絡。化身體之拙氣。拙力。拳形順。丹田氣足。而眞精補還於腦。身輕如鼉之能與水相合一氣。而能浮於水面矣。拳形逆。則手足肩胯之勁。必拘束。而全身亦必不靈活矣。故曰鼉形須知身有靈。拗步之中藏奇精。安不忘危危自解。與

正此之谓也。学者，须加以细心研究，方不错谬也。

步法与各形势不同，左足进步着地，右足紧跟相对，两足胫骨相磨，不着地随进。右足着地，左足紧跟，不落地随进。步径斜曲，一步一组。左右进步相同。

第一节　鼍形进步路线

（下图内圆圈如〇者悬足之表示）

路线图略。

人何事須相爭。正此之謂也。學者須加以細心研究。方不錯謬也。步法與各形勢不同。左足進步着地。右足緊跟相對。兩足脛骨相磨。不著地隨進。右足著地。左足緊跟。不落地隨進。步徑斜曲。一步一組。左右進步相同。

第一節　鼉形進步路線

下圖內圓圈如〇者懸足之表示

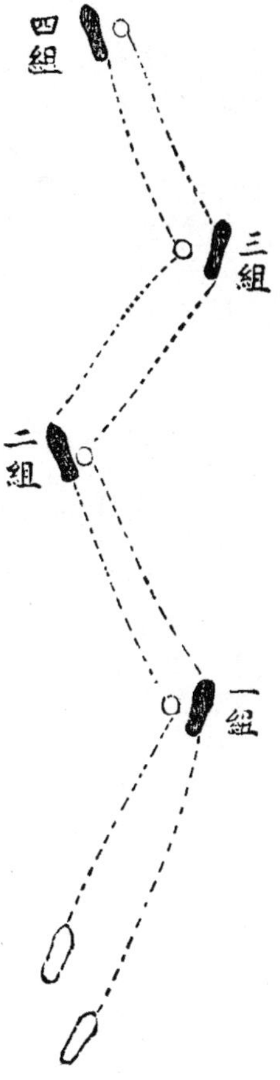

第二节　鼍形右起势

三才势。开势先将左足向前垫步。右手同时向里拧，拧至手心朝上，将中指、小指、无名指三指，曲回，只将大指、食指如八字势伸张，从右往左肋上蹭，蹭至肘与左膝相顺，掌与鼻尖相齐；左手亦同时往回拉，拉至左胯，中指、小指、无名指三指曲回，大指、食指如八字势伸张，成阳掌。头顶身拗，阴阳相合。目视右手食指梢。（鼍形右起势图一）

第二節　鼉形右起勢

三才勢。開勢先將左足向前墊步。右手同時向裏擰擰至手心朝上。將中指。小指。無名指。三指曲回。只將大指食指如八字勢伸張。從右往左肋上躦躦至肘與左膝相順。掌與鼻尖相齊。左手亦同時往回拉拉至左胯。中指小指無名指三指曲回。大指食指如八字勢伸張。成陽掌。頭頂身拗陰陽相合。目視右手食指稍。

第二節鼉形右起勢圖一

第三节　鼍形右落势

前左足右手出发时，即将右足提起，至左足肱骨处，似靠未靠，不可着地，向右斜进步。右手掌亦同时向外拧，横劲斜出至极度，下翻成阳掌，与右膝相顺，手指仍存原势。目视右手食指梢。（鼍形右落势图二）

演此左右二势，身肩与腰合成一气，晃开身势，如鼍在水中相浮之意。

第三節　鼉形右落勢

前左足右手出發時。即將右足提起。至左足脛骨處。似靠未靠。不可着地。向右斜進步。右手掌亦同時向外擰。橫勁斜出至極度。下翻成陽掌與右膝相順。手指仍存原勢。目視右手食指稍。演此左右二勢。身肩與腰合成一氣。挸開身勢。如鼉在水中相浮之意。

第三節鼉形右落勢圖二

第四节　鼍形左起势

再演左势。左手从左肋向里拧，拧至手心朝上，顺右肱上蹿，成阴掌，与鼻相齐，仍三指蜷回，二指伸开与右膝相顺；右手亦同时撤回，阳掌停在右脐。身势阴阳相合。目视左手食指尖。（鼍形左起势图一）

第四節　鼉形左起勢

再演左勢。左手從左肋向裏掙。掙至手心朝上。順右肱上鑽。成陰掌。與鼻相齊。仍三指拳回。二指伸開與右膝相順。右手亦同時撤回。陽掌停在右臍。身勢陰陽相合。目視左手食指尖。

第四節鼉形左起勢圖一

第五节　鼍形左落势

左足进步，与右足胫骨相靠，不着地，再向左边斜着进步落地。左手亦同时向外拧，横劲斜出至极处，下翻成阳掌，与左膝相顺，手仍存原势。身肩晃开。目视左手食指梢。（鼍形左落势图二）

惟演此形，起落二势，手足之分合，两肩之摇动，与腰贯为一气，不可中间隔断。左右互相换势，手足身法均同。数勿拘。

第六节　鼍形回身法

左手在前，右转身；右手在前，左转身。转身时，左手伸出左足落地时，右

第五節　鼉形左落勢

左足進步。與右足脛骨相靠。不著地。再向左邊斜着進步落地。左手亦同時向外擰。橫勁斜出至極處。下翻成陽掌。與左膝相順。手仍存原勢。身肩挒開。目視左手食指稍。惟演此形起落二勢。手足之分合。兩肩之搖動。與腰貫爲一氣。不可中間隔斷。左右互相換勢。手足身法均同。數勿拘。

第五節鼉形左落勢圖二

第六節　鼉形回身法

左手在前。右轉身。右手在前。左轉身。轉身時。左手伸出左足落地時。右足不可落地，即速极力回返进步。身子随着右足向右转。右手仍横劲斜着出去，左手左足随后跟着（鼍形回身法图一）。亦与左右二势，手足身法起蹪裹翻，练习均相同。收势归原地休息。

路线图略。

第六章　鸡形讲义

鸡者，最有智谋信勇灵性之物也，故晨能报晓。其性虽属禽，而功于陆。性善斗，斗时，皆以智取。口刚而能啄，两腿连环能独立，爪能抓且能蹬，

第六節鼉形回身法圖

足不可落地。即速極力回返。進步身子隨着。右足向右轉。右手仍橫勁斜着出去。左手左足隨後跟着。亦與左右二勢。手足身法起躦裹翻。練習均相同。收勢歸原地休息。

右轉回身路線

第六章 鷄形講義

鷄者。最有智謀信勇靈性之物也。故晨能報曉。其性雖屬禽。而功於陸。性善鬥。鬥時。皆以智取。口剛而能啄。兩腿連環能獨立。爪能抓且能蹬生威抖翎。能腾空。进退无时，往来无定，全身应用随时生能。以拳之应用，力量最大，故取为鸡形。取诸身内为脾。脾健，则五脏充。属土，土生万物，故鸡形之性能，有万法。故曰：

将在谋而不在勇，　败中取胜逞英雄。

试看鸡斗虚实敏，　才知羽化有灵通。

练之形势顺，则脾胃活，有羽化之功。形势逆，则脾衰胃满，五脏失其调和矣。学者，宜虚心诚意，格物至致，始得生化之道焉。

步径曲直，三步一组，无有定势。路线如下图。

第一节　鸡形进步路线

（圆圈乃高提足、提膝至心口为度）

路线图略。

生威抖擻。能。騰空。進退無時。往來無定。全身應用隨時生能。以拳之應用。力量最大。故取爲鷄形。取諸身內爲脾。脾健。則五臟充屬土。土生萬物。故鷄形之性。能有萬法。故曰將在謀而不在勇。敗中取勝。逞英雄。試看鷄鬥虛實。敏纔知羽化有靈通。練之形勢順。則脾胃活。有羽化之功。形勢逆則脾。衰胃滿。五臟失其調和矣。學者。宜虛心誠意。格物至致。始得生化之道焉。步徑曲直三步一組。無有定勢。路線如下圖。

第一節　鷄形進步路線

圓圈乃高提足提膝至心口爲度

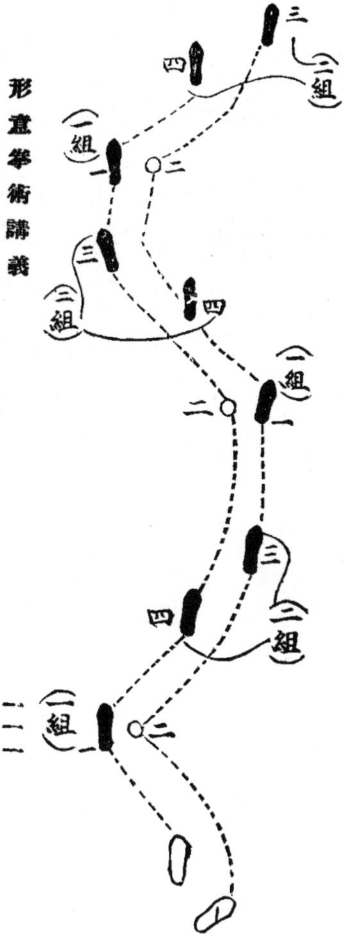

第二节　鸡形右起势

起首三才势。先将左足斜着向前垫步。左手同时翻拧，成阴掌，向上往左平合与右肩相顺；右手亦同时翻成阴掌，向左手腕下伸出，两肱作交叉势。右腿亦同时提膝上起，拳至两肘中间，足心向外。两手掌再向左右分开，手心朝前。头颈挺劲，气降身伏，两肩合扣。目视两大指中间。（鸡形右起势图一）此势谓之金鸡独步。

第二節　鷄形右起勢

起首三才勢。先將左足斜着向前墊步。左手同時翻掙。成陰掌。向上往左平合與右肩相順。右手亦同時翻成陰掌。向左手腕下伸出。兩肱作交叉勢。右腿亦同時提膝上起。拳至兩肘中間。足心向外。兩手掌再向左右分開。手心朝前。頭頸挺勁氣降身伏。兩肩合扣。目視兩大指中間。此勢謂之金鷄獨步。

第二節鷄形右起勢圖一

第三节　鸡形右落势

换势。右提足向右斜着前进步。两手同时向前极力分开扑出，如扑物之势。左足亦同时再跟步。头顶，腰塌，两肘相对。目前平视。（鸡形右落势图二）停住，再换势。此势谓之金鸡打脚翅。

第三節鷄形右落勢圖二

第三節　鷄形右落勢

換勢。右提足向右斜着前進步。兩手同時向前極力分開撲出。如撲物之勢。左足亦同時再跟步。頭頂。腰塌。兩肘相對。目前平視。停住。再換勢。此勢謂之金鷄打脚翅。

第四节　鸡形左起势

将右足向前斜着垫步。右手同时翻拧成阴掌，向上往左平合，与左肩相顺；左手亦同时翻成阴掌，向右手腕下蹚出，两肱作交叉势。左腿亦同时提膝上起，腿膝曲回在两肘中间，足心向外。两手掌再向左右分开，手心朝前。头颈挺劲，气降身伏，两肩合扣。目视两大指中间。（鸡形左起势图三）如右起势图一。

第四節　鷄形左起勢

將右足向前斜着墊步。右手同時翻摔成陰掌。向上往左平合。與左肩相順。左手亦同時翻成陰掌。向右手腕下躦出。兩肱作交义勢。左腿亦同時提膝上起。腿膝曲屈在兩肘中間。足心向外。兩手掌再向左右分開。手心朝前。頭頸挺勁。氣降身伏。兩肩合扣。目視兩大指中間。如右起勢圖一。

第四節鷄形左起勢圖三

第五节　鸡形左落势

换势。左提足向左斜进步。两手同时向前极力扑出，如扑物之势。右足亦同时跟步。（鸡形左落势图四）如右落势二图。再演则左右互相换势，手足、身法，与前起势一、落势二相同。次数多寡自便。

第六节　鸡形右转回身法

左足在前右转身，右足在前左转身。转身时，先将左足返扣步，扣在右足后；右足提起，足跟靠在左足里胫骨，足尖着地。两手同时翻成阴掌，

第五節鷄形左落勢圖四

第五節　鷄形左落勢

換勢。左提足向左斜進步。兩手同時向前極力撲出。如撲物之勢。右足亦同時跟步。如右落勢二圖。再演則左右互相換勢。手足身法與前起勢一落勢二相同。次數多寡自便。

第六節　鷄形右轉回身法

左足在前右轉身。右足在前左轉身。轉身時。先將左足返扣步。扣在右足後。右足提起。足根靠在左足裏脛骨。足尖着地。兩手同時翻成陰掌。

向左右分开，两肱屈伸，与右肩相平。目向右平视。（鸡形回身法图五）此势谓之金鸡大抖翅。

再进步换势，仍与起势一图、落势二图相同。左右回身变势，皆依此法。收势归原地休息。

路线图略。

第七章 鹞形讲义

第六節鷄形回身法圖五

向左右分開。兩肱曲伸。與右肩相平。目向右平視。此勢謂之金鷄大抖翅。再進步換勢。仍與起勢一圖。落勢二圖相同。左右回身變勢。皆依此法。收勢歸原地休息。

第七章 鷂形講義

右轉回身路線

鹞者，飞禽中最雄勇灵敏之物。其性能有翻身之巧，入林之奇，展翅之威，束身而捉物，且有躜天之勇性。取诸身内，能收心脏之气。取之于拳，能舒身缩体，起落翻旋左右飞腾，外刚内柔，灵巧雄勇，是为鹞子之天性也。形势顺，则能收其先天之祖炁，而上升于天谷泥丸。形势逆，则心努气乖，身体重浊，而不轻灵矣。故曰：

古来鹞飞有翱翔，　两翅居然似凤凰。

试观擒捉收放翅，　武士才知这势强。

学者于此形最当注意研究，灵光巧妙，方能有得，而终身用之不尽也。步径曲直无定。路线图如下。

第一节　鹞形进步路线

路线图略。

第二节　鹞形右起势

鷂者。飛禽中最雄勇靈敏之物。其性能有翻身之巧。入林之奇。展翅之威。束身而捉物。且有蹟天之勇性。取諸身內。能收心臟之氣。取之於拳。能舒身縮體。起落翻旋左右飛騰外剛內柔靈巧雄勇是爲鷂子之天性。也形勢順。則能收其先天之祖炁。而上升於天谷泥丸。形勢逆。則心努氣。乖身體。重濁而不輕靈矣。故曰古來鷂飛有翶翔。兩翅居然似鳳凰。試觀擒捉收放翅。武士纔知這勢強。學者於此形最當注意研究靈光巧妙。方能有得。而終身用之不盡也。步徑曲直無定路線圖如下。

第一節　鷂形進步路線

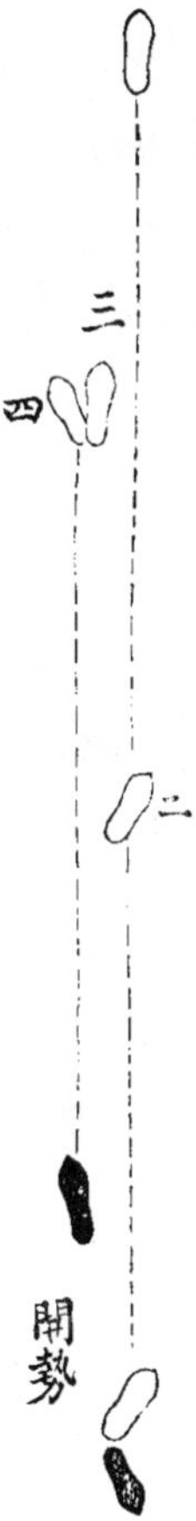

第二節　鷂形右起勢

三才势两足不动。将身向后合拧劲，拧的左腿斜直。左手亦同时向里合劲，合至手成阴掌，至左肩肘至胸；右手亦同时向外拧劲，拧至手掌向外与右眉相齐。目顺左肩平视。（鹞子回首图）此势名鹞子回头，又谓之鹞子翻身。

第三节　鹞子入林

换势左足不进，右足尖向外斜横着进步。左右手同时向下合劲，合至两掌相对至脐，向前伸开，右手平脐，左手与鼻齐，两掌相对，两肱直伸。目视左手指尖。（鹞子入林图）此势名为鹞子入林。

三才勢兩足不動將身向後合摔勁。摔的左骹斜直。左手亦同時向裏合勁。合至手成陰掌。至左肩肘至胸右

第二節　鷂子回首圖

手亦同時向外摔勁。摔至手掌向外與右眉相齊。目順左肩平視。此勢名鷂子回頭又謂之鷂子翻身。

第三節　鷂子入林

換勢左足不進。右足尖向外斜橫着進步左右手同時向下合勁。合至兩

第三節　鷂子入林圖

掌相對至臍。向前伸開。右手平臍左手與鼻齊兩掌相對兩肱直伸目視左手指尖此勢名爲鷂子入林。

第四节　鹞子捉雀

换势右足不动，左足向前进步。右手亦同时紧抓成阴拳，向后拉劲，至右胯停住；左手亦同时向下塌劲，顺左膝。头顶身挺目平视。（鹞子入林捉雀图）此势谓之鹞子入林捉雀。

第四節鷂子入林捉雀圖

第四節　鷂子捉雀

換勢右足不動。左足向前進步。右手亦同時緊抓成陰拳。向後拉勁。至右胯停住。左手亦同時向下塌勁。順左膝頭頂身挺目平視。此勢謂之鷂子入林捉雀。

第五节　鹞子抖翎束身势

换势右足不动，左足稍动，将足尖向外斜横。右手亦同时向后拉劲，拉的胳膊至身后，向上起，似画圆圈形，再向前劈落。此谓之抖翎。落下至左肘下；左手亦同时回拉，俟右手至肘下时，顺身向前抱右肩上。两肩合扣，两肱似捆。目顺右肩平视。（鹞子抖翎束身图）此势名为鹞子束身。

第五節　鷂子抖翎束身勢

換勢右足不動。左足稍動。將足尖向外斜橫。右手亦同時向後拉勁。拉的胳膊至身後。向上起。似畫圓圈形。再向前劈落。此謂之抖翎。落下至左肘下。左手亦同時回拉。俟右手至肘下時。順身向前抱右肩上。兩肩合扣。兩肱似捆。目順右肩平視。此勢名為鷂子束身。

第五節鷂子抖翎束身圖

第六节　鹞子蹟天

换势左足不动，右足向前进步。左手亦同时向后拉劲，至胸前；右手拳亦同时，向前上起，蹟劲成掌，手心朝下，高与头顶。（鹞子蹟天图）此势名为鹞子蹟天。

前一、二、三、四、五势，承上接下，要连环一气演习。总名曰鹞形。分段曰返身入林，捉雀蹟天。此为右势鹞形。再进步换势，练左势鹞形蹟天，与三才势，一、二、三、四、五势之手法、步法，均同。左右演习一理，次数多少勿拘。

第七节　鹞子回身法

第六節　鷂子鑽天

換勢。左足不動。右足向前進步。左手亦同時向後拉勁至胸前。右手拳亦同時向前上起。鑽勁成掌。手心朝下。高與頭頂。此勢名爲鷂子鑽天。

第六節鷂子鑽天圖

前一二三四五勢。承上接下。要連環一氣演習。總名曰鷂形分段曰返身入林。捉雀鑽天。此爲右勢鷂形。再進步換勢。練左勢鷂形鑽天。與三才勢一二三四五勢之手法。步法。均同。左右演習一理。次數多少勿拘。

第七節　鷂子回身法

左足在前右转身，右足在前左转身。转身时，将左足向后转身成直顺，右足亦同转身时，向左足前，足尖向外斜横进步。将右手下落至脐，与左手相对，似右足着地时，双手向前伸开，右手顺脐，左手齐鼻，双掌相对，两肱直伸。目视指尖。（鹞子左转回身图）此势谓之鹞子返身大入林。

路线图略。

（收势仍还于起点处停住休息。）

左足在前右轉身。右足在前左轉身。轉身時。將左足向後轉身成直順。右足亦同轉身時。向左足前。足尖向外斜橫進步。將右手下落至臍。與左手相對。似右足着地時。雙手向前伸開。右手順臍。左手齊鼻。雙掌相對。兩肱直伸。目視指尖。此勢謂之鷂子返身大入林。

第七節鷂子左轉回身圖

鷂形返身左轉進步線

收勢仍還於起點處停住休息

第八章　燕形讲义

燕者，禽之最轻妙、最敏捷者也。性有抄水之巧，蹿天之能，飞腾高翔之妙，动转无声之奇。取之于拳而为燕形。取诸身内，则为肝肺。肝主筋，肺主皮毛，且气之机关也。气活则神清，百病不生。气有轻清之像，故拳中燕形生轻妙之灵。形势顺，则筋络舒畅，心内虚空，气顺而有上升下降之能。形势逆，则气拘筋滞，身体重拙，而不灵捷矣。故曰：

一艺求精百倍功，功成云路自然通。

扶摇试看燕取水，才识男儿高士风。

学者于此形，尤当虔心细究。路线一步二步如下图。

第一节

路线图略。

第八章　燕形講義

燕者。禽之最輕妙最敏捷者也。性有抄水之巧。躦天之能。飛騰高翔之妙。動轉無聲之奇。取之於拳而爲燕形。取諸身內則爲肝肺。肝主筋。肺主皮毛。且氣之機關也。氣活則神清。百病不生。氣有輕清之像。故拳中燕形生輕妙之靈。形勢順則筋絡舒暢。心內虛空。氣順而有上升下降之能。形勢逆則氣拘筋滯。身體重拙而不靈捷矣。故曰。一藝求精。百倍功。功成雲路自然通。扶搖試看燕取水。纔識男兒高士風。學者於此形。尤當虔心細究。路線一步二步如下圖。

第一節

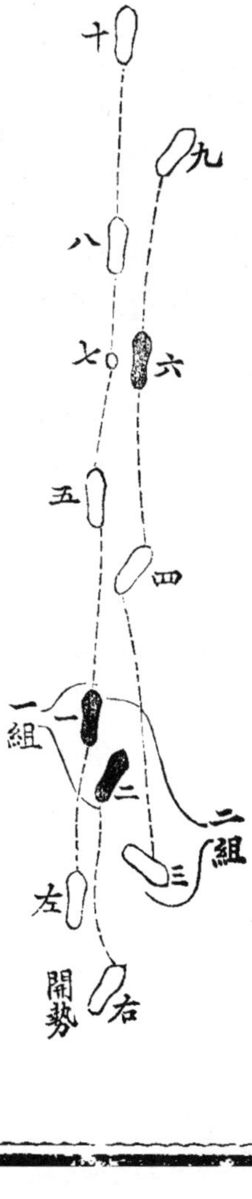

第二节　燕形起势

三才势。先将左足垫步，右足后跟步，至左足跟后，似崩拳之跟步。右手拳同时虎口朝上，平着向前伸出，与崩拳出手相同；左手停住不回，俟右拳伸至极度，将手扣住右手腕。头顶腰垂。目前平视。（燕形一图）

第二節　燕形起勢

三才勢。先將左足墊步右足後跟步。至左足根後。似崩拳之跟步。右手拳同時虎口朝上。平著向前伸出。與崩拳出手相同。左手停住不回。俟右拳伸至極度。將手扣住右手腕。頭頂腰垂。目前平視。

第二節燕形一圖

第三节　燕形换势

右足向后倒退一步。右手拳同时向外拧，上起向回拉至右眉上，拳心朝外。身子随同向回扭劲，扭至小腹放在右大腿根上。左手左足停住，原势不变。目视右拳手背。（燕子返首右抖翎图二）

第四节　燕形换势

两足原地不动。右手拳向里合扣，拳心朝下，顺身下落至胯；左手同时

第三節　燕形換勢

右足向後倒退一步。右手拳同時向外擰。上起向回拉至右眉上。拳心朝外。身子隨同向回扭勁扭至小腹放在右大腿根上。左手左足停住原勢不變。目視右拳手背。

第三節燕子返首右抖翎圖二

第四節　燕形換勢

兩足原地不動。右手拳向裏合扣。拳心朝下。順身下落至胯。左手同時向怀中合劲，合至手心朝上，攥上拳，顺身向前蹪出，高齐左肩，与左膝相顺。身子随拳蹪时，向前扭劲。目视左阴拳。（燕子回身左抖翎图三）此势谓之燕子回身。

左抖翎，再变势。两足存原势。左手向里合扣，拳心朝下，顺身下落至胯；右手拳同时向怀中合劲，合至拳心朝上，顺身向后往右蹪出，齐肩顺膝。身子向右扭劲。谓之燕子右返首。

再抖翎，再变势。右手拳里扣下落，左手拳里合外蹪。身子仍向左握劲，归原势。

但演燕形，两目随左右手变化之转移。

燕形有左右抖翎之巧，故详细解释，以为学者参考焉。

向懷中合勁。合至手心朝上。擄上拳。順身向前蹼出。高齊左肩。與左膝相順。身子隨拳蹼時。向前扭勁。目視左陰拳。此勢謂之燕子回身左抖

第四節燕子回身左抖翎圖三

翎。再變勢。兩足存原勢。左手向裏合扣。拳心朝下。順身下落至胯。右手拳同時向懷中合勁。合至拳心朝上。順身向後往右蹼出。齊肩順膝。身子向右扭勁。謂之燕子右返首。再抖翎。再變勢。右手拳裏扣下落。左手拳裏合外蹼。身子仍向左扭勁。歸原勢。但演燕形。兩目隨左右手變化之轉移。燕形有左右抖翎之巧。故詳細解釋。以爲學者參考焉

第五节　燕形换势

右足尖向外斜着进步。右手拳同时向里拧至手心朝上，向前顺左肱肘里上蹿，至极度阴拳齐额，左手阴拳亦同时退至右肘下。身斜步拗，头顶肱曲。目视右手阴拳。（燕子蹿天图四）此势谓之燕子蹿天。

第六节　燕形换势

左足向前直着大进步，将腿曲伸。左手拳虎口朝上，同时向前极力伸开，至极度，与膝相顺；右手拳亦同时向外拧往回拉劲，拉至拳心向外，至右眉上停住。身子阴阳相合。目视左手拳。（燕子返首右大抖翎图五）此势谓之燕子返首右大抖翎。

第五節　燕形換勢

右足尖向外斜着進步。右手拳同時向裏捋至手心朝上。向前順左肱肘裏上躦至

第五節燕子躦天圖四

極度。陰拳齊額。左手陰拳亦同時退至右肘下。身斜步拗。頭頂肱曲目視右手陰拳。此勢謂之燕子躦天。

第六節　燕形換勢

左足向前直着大進步。將髮曲伸。左手拳虎口朝上同時向前極力伸開。至極

第六節燕子返首右大抖翎圖五

度。與膝相順。右手拳亦同時向外捋往回拉勁拉至拳心向外。至右眉上停住。身子陰陽相合。目視左手拳。此勢謂之燕子返首右大抖翎。

第七节　燕形换势

右足尖向外斜横着进步。右手同时向后拉下落半圆形，至胯前，将拳伸开，翻成阴掌，极力向前伏身伸开，左手亦同时阳拳退至右肱肘下。身屈伏，腿拧坳，左足跟欠起。目视右阴手掌中。（燕子抄水图六）此势谓之燕子抄水。

第八节　燕形换势

两足不动。右手攥上拳，向外拧，往后拉劲，拉至右眉上；左手拳同时，向右拳手腕外蹭出，两拳成十字势，两拳手心皆朝外。目前平视。（燕子束身图七）此势谓之燕子束身。

第七節　燕形換勢

右足尖向外斜。橫着進步。右手同時向後拉下落半圓形。至胯前。將拳伸開。翻成陰掌。極力向前伏身伸開。左手亦同時陽拳退至右肱肘下。身曲伏腿摔坳左足根欠起。目視右陰手掌中。此勢謂之燕子抄水。

第七節燕子抄水圖六

第八節　燕形換勢

兩足不動。右手攥上拳。向外摔。往後拉勁。拉至右眉上。左手拳同時。向右拳手腕外蹬。出兩拳成十字勢。兩拳手心皆朝外。目前平視。此勢謂之燕子束身。

第八節燕子束身圖七

第九节　燕形换势

右足不动，将腿曲立；左足进步提起，足掌紧靠右腿中曲。两手拳同时向左右分开成阳掌，顺肩平乳。头顶劲，身半斜势。目前平视势。（燕子大展翅图八）谓之燕子大展翅。

第十节　燕形换势

左提足先向前进步，右足尖向外斜横着进步。右手掌攥上拳，同时往前虎口朝上，平着极力直伸，如打崩拳势；左肱不蜷回，将手扣着右拳手腕上。身斜腿坳。目平视。（燕子束身图九）此势谓之燕子束翅。

第九節　燕形換勢

右足不動。將髁曲。立左足進步提起。足掌緊靠右髁中曲兩手拳同時向左右分開成陽掌。順肩平乳。頭項勁。身半斜勢。目前平視。勢謂之燕子大展翅。

第九節燕子大展翅圖八

第十節　燕形換勢

左提足。先向前進步。右足尖向外斜橫着進步。右手掌攥上拳。同時往前。虎口朝上平着。極力直伸。如打崩拳勢。左肱不拳。回將手扣着右拳手腕。上身斜髁。坳目平視。此勢謂之燕子束翅。

第十節燕子束翅圖九

第十一节　燕形换势

左足向前进步。左手同时向前直进伸开，成半阴阳掌；右手往回拉至右胯，阳掌停住。目视左手食指梢。（燕子势终图十）谓之燕形右起势终。

再演左势燕形。仍以三才势起首，再进步换势。手足身法，互相联络。仍与右势燕形相同。惟练此形各节，上下要连环贯为一气，不可断隔，方得其真意。

第十二节　燕形回身法

左足在前右转身，右足在前左转身。回势皆以鹰捉势为法。收势归原地休息。

路线图略。

第十一節　燕形換勢

左足向前進步。左手同時向前直進伸開成半陰陽掌。右手往回拉至右胯。陽掌停住。目視左手食指稍。謂之燕形右起勢終。　再演左勢燕形。仍以三才勢起首。再進步換勢。手足身法。互相聯絡。仍與右勢燕形相同。惟練此形各節。上下要連環貫爲一氣。不可斷隔。方得其眞意。

第十一節燕形勢終十圖

第十二節　燕形回身法

左足在前右轉身。右足在前左轉身。回勢皆以鷹捉勢爲法。收勢歸原地休息。

第九章 蛇形讲义

蛇者最灵活之物也。其性能，有拨草之巧，有缠绕之能，曲伸自如，首尾相应，故古时有长蛇阵之法。取诸身内，为肾之阳。用之于拳，能活动腰力，通一身之骨节，故击首则尾应，击尾则首应，击身则首尾相应。其身有阴阳相摩之意。因蛇之灵活自如，故拳之命名为蛇形。练之形势顺，则能起真精补还于脑，而神经充实，百疾不生。形势逆，则身体亦不灵活，心窍亦不开朗，反为拙气所束滞矣。故曰：

从来顺理自成章， 拨草能行逞刚强。

蛇形寄语人学会， 水中翻浪细思量。

学者，于此形当勉力求之，灵光巧妙得之于身心，则终身用之不尽也。步经曲直，两步一组。图如下。

第一节 蛇形进步路线

路线图略。

第九章　蛇形講義

蛇者最靈活之物也。其性能有撥草之巧。有纏繞之能。屈伸自如。首尾相應。故古時有長蛇陣之法。取諸身內為腎之陽。用之於拳。能活動腰力。通一身之骨節。故擊首則尾應。擊尾則首應。擊身則首尾相應。其身有陰陽相摩之意。因蛇之靈活自如。故拳之命名為蛇形。練之形勢順則能起真精補還於腦。而神經充實。百疾不生。形勢逆則身體亦不靈活。心竅亦不開朗。反為拙氣所束滯矣。故曰從來順理自成章。撥草能行逞剛強。蛇形寄語人學會。水中翻浪細思量。學者於此形。當勉力求之。靈光巧妙得之於身心。則終身用之不盡也。步經曲直兩步一組。圖如下。

第一節

蛇形進
步路線

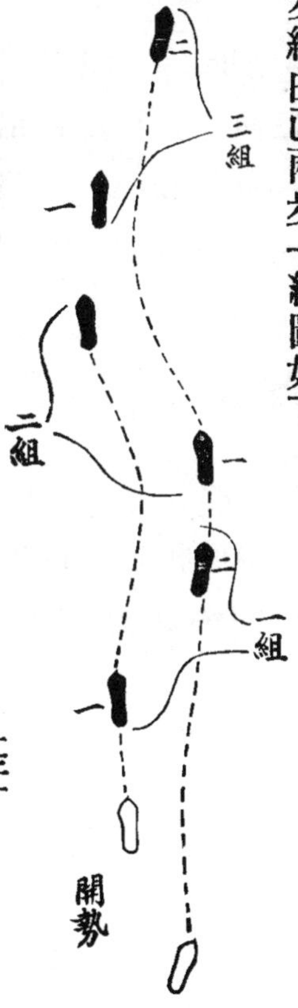

第二节　蛇形右起势

三才势。先将左足尖向外稍进步。右手亦同足进时，向里扭，扭成阴掌，顺左手腕里伸开，与左膝相顺；左手亦同时向后拉至右肱肘下，手心朝肘。身子阴阳相合，形势左肩右膝。目视右手中指。（白蛇吐舌右起势一图）为白蛇吐舌。

第三节　白蛇缩身

两足不动。右手向下合抱至左胯，左手亦同时向右肱里上穿抱住右肩，两肱相抱，两肩相扣。目顺右肩平视。（白蛇缩身二一图）此势谓之白蛇缩身，又名蟠身。

第二節　蛇形右起勢

三才勢。先將左足尖向外稍進步。右手亦同足進時向裏扭扭成陰掌。順左手腕裏伸開。與左膝相順。左手亦同時向後拉至右肱肘下。手心朝肘。身子陰陽相合。形勢左肩右膝。目視右手中指。爲白蛇吐舌。

第二節白蛇吐舌右起勢一圖

第三節　白蛇縮身

兩足不動。右手向下合抱至左胯。左手亦同時向右肱裏上穿抱住右肩。兩肱相抱兩肩相扣。目順右肩平視。此勢謂之白蛇縮身。又名蟠身。

第三節白蛇縮身二圖

第四节　换　势

换势左足稍动，右足向右斜前进步。右手亦同足进时，向外往上抖开，手半阴半阳势顺右膝；左手亦同时向后拉劲至左胯，手心朝下。头顶身挺，两肱抖力。目视右手大指尖。（白蛇抖身三图）此势谓之白蛇抖身。

以上之一二三势，承上接下，连环一气演习，不可中间隔断。

再练左势，仍与右势一二三势，手法、步法均相同。数勿拘。左右换势均同。

第五节　回身法

第四節　換勢

換勢左足稍動。右足向右斜前進步。右手亦同足進時。向外往上抖開。手半陰半陽勢順右膝。左手亦同時向後拉勁至左胯。手心朝下。頭頂身挺。兩肱抖力。目視右手大指尖。此勢謂之白蛇抖身。以上之一二三勢。承上接下。連環一氣演習。不可中間隔斷○再練左勢仍與右勢一二三勢。手法步法。均相同。數勿拘。左右換勢均同。

第四節白蛇抖身三圖

第五節　回身法

左足在前右转身，右足在前左转身。转身时，前足回扣步，后足尖向外斜横进步。左手亦同转身时，向里合劲，阴掌顺身向前伸出；右手随转身时，顺身向左肱里往前伸开，手要阴掌；左手似右手前伸时，顺右肱回拉至右肘。身子阴阳相合。目视前手掌。（白蛇返身吐舌图）此势谓之白蛇返身大吐舌。

再进步换势，仍与前势相同。收势仍还于原起点地。收势休息。

路线图略。

左足在前右轉身。右足在前左轉身。轉身時。前足回扣步。後足尖向外斜橫進步。左手亦同轉身時。向裏合勁。陰掌順身向前伸出。右手隨轉

第五節白蛇返身吐舌圖

身時。順身向左肱裏往前伸開。手要陰掌。左手似右手前伸時。順右肱回拉至右肘。身子陰陽相合。目視前手掌。此勢謂之白蛇返身大吐舌。再進步換勢。仍與前勢相同。收勢仍還於原起點地。收勢休息。

左轉回身進步路線

第十章 鹘形讲义

鹘者，性最直率而无弯曲灵巧之禽也。天性有竖尾上升，超达云际之势，下落两掌有触物之形。取诸于身内，而能平肝益肺，实为肝肺之股肱，故以拳形其像一落一起，如雷奔电；以尾之能，如迅疾风变。以性情言之，外猛内柔，有不可言喻之巧力也。形势顺，则舒肝固气，实复而生道心。形势逆，不特全身淤滞，而气亦不通矣。故曰：

鹘形求精百倍明，鹘凭收尾得彻灵。

放他兔走几处远，起落就教性命倾。

所以学者，明晰斯理，真道得矣。路径斜。三步一组。图如下。

第一节 进步路线

路线图略。

第十章　鷂形講義

鷂者。性最直率而無灣曲。靈巧之禽也。天性有豎尾上升超達雲際之勢。下落兩掌有觸物之形。取諸於身內。而能平肝益肺。實爲肝肺之股肱。故以拳形其像一落一起。如雷奔電。以尾之能。如迅疾風變。以性情言之。外猛內柔。有不可言喻之巧力也。形勢順則舒肝固氣。實復而生道。心形勢逆。不特全身淤滯。而氣亦不通矣。故曰。鷂形求精。百倍明鷂。憑收尾得徹靈。放他兎走。幾處遠起。落就教性命傾所以學者。明晰斯理。眞道得矣。路徑斜三步一組。圖如下。

第一節　進步路線

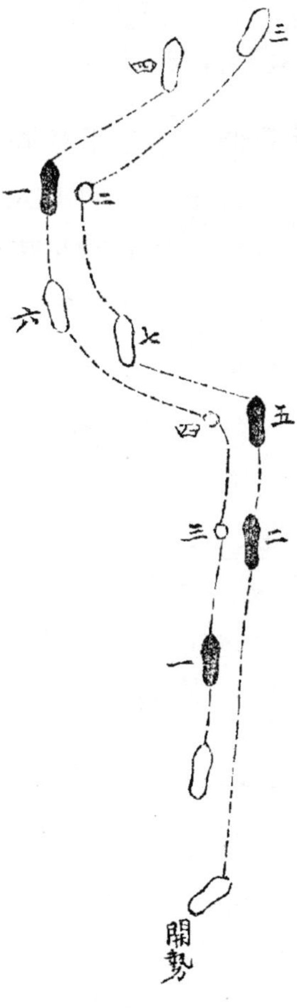

第二节　鹘形开势

开首三才势。先将右手前伸，与左手相齐，往前向下斜着伸直。左足同时垫步，右足极力向前大进步，左足亦同时再跟步，提起足尖点地，紧靠右足里胫骨。左右两手同时攥上拳，俟右足进、左足提跟时，向怀中合抱至脐，翻成阴拳，左拳在右拳之上，紧靠脐根。两肘加（点校：疑为“夹”字之误）肋，头顶腰塌，舌卷气垂。目前平视。（鹘形开势图一）

第二節　鶻形開勢

開首三才勢。先將右手前伸。與左手相齊。往前向下斜着伸直。左足同時墊步。右足極力向前大進步。左足亦同時再跟步。提起足尖點地。緊靠右足裏脛骨。左右兩手同時攥上拳。俟右足進。左足提跟時。向懷中合抱至臍。翻成陰拳。左拳在右拳之上。緊靠臍根。兩肘加肋

第二節鶻形開勢圖一

頭頂腰塌。舌捲氣垂。目前平視。

第三节　鹘形左起势

右足向前垫步，左足同时提跟靠右足胫骨。两拳合抱，手心朝里，从胸往上蹭至头正额处，将手腕分向外拧，拧至拳心向外，两拳相对停在太阳穴前，相距太阳穴约二三寸远近。腰下塌劲。目向左平视。（鹘形左起势图二）

第四节　鹘形右落势

换势左足向左斜着进步。两手拳同时从额处向左右分开，往下落如同画圆圈势，至脐拳心朝上，两肘相对往前伸出分开。右足亦同时再跟步。（鹘形左落势图三）如虎形之跟步同。

第五节　鹘形左起势

将左足向前垫步。两手拳心同时向怀中合抱，顺身往上蹭至头正额处，手腕分向外拧，拧至拳心朝外，两拳相对，

第三節　鶻形左起勢

右足向前墊步。左足同時提跟靠右足勁骨。兩拳合抱手心朝裏從胸往上鑽至頭正額處。將手腕分向外擰。擰至拳

第三節鶻形左起勢圖二

心向外。兩拳相對停在太陽穴前。相距太陽穴約二三寸遠近。腰下塌勁。目向左平視。

第四節　鶻形右落勢

換勢左足向左斜着進步。兩手拳同時從額處向左右分開。往下落如同畫圓圈勢。至臍拳心朝上。兩肘相對往前伸出分開。右足亦同時再跟步。如虎形之跟步同。

第四節鶻形左落勢圖三

第五節　鶻形左起勢

將左足向前墊步。兩手拳心同時向懷中合抱。順身往上鑽至頭正額處。手腕分向外擰。擰至拳心朝外。兩拳相對。

仍停太阳穴前，距太阳穴约二三寸。右足亦同时跟步提起靠左足胫骨。目向右边平视。（鹘形右起势图四）如左起势二图。

再进步换势，如左落势三图。再演，左右互相换势，手足身法均相同。数勿拘。

第六节　鹘形左转回身法

左足在前右转身，右足在前左转身。转身时，右足尖向左足旁后进步，左足同时跟步提起靠胫骨。两手拳随转身时，仍起至头正额处太阳穴前。（鹘形左转回身图）

再进步左右换势。回身发手皆依此类推。

路线图略。

仍停太陽穴前。距太陽穴約二三寸。右足亦同時跟步提起靠左足脛骨。目向右邊平視如左起勢二圖。再進步換勢如左落勢三圖。再演。左右互相換勢。

第五節鶻形右起勢圖一

手足身法均相同。數勿拘。

第六節 鶻形左轉回身法

左足在前右轉身右足在前左轉身轉身時右足尖向左足傍後進步。左足同時跟步提起靠脛骨。兩手拳隨轉身時。仍起至頭正額處太陽穴前。再進步左右換勢。回身發手皆依此類推。

第六節鶻形左轉回身圖

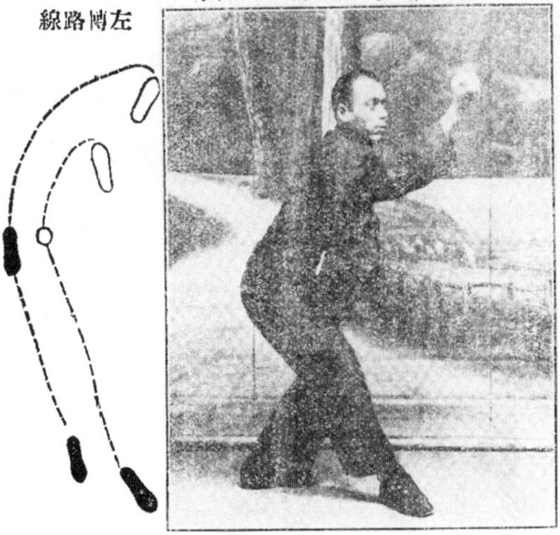

第十一章　鹰形讲义

鹰者为禽中最猛最狠之禽也。其性瞀目能见细微之物，放爪能有攫获之精。其性外阳内阴。取之身内，能起肾中真阳，穿关透体，补还于脑。形之于拳，能仰心火滋肾水。形势顺，则真精化炁，通任开督，流通百脉，灌溉三田，驱逐一身百窍之阴邪，涤荡百脉之浊秽。形势逆，则肾水失调，阴火上升，目生云翳矣。故曰：

英雄处世不骄矜，遇便何妨一学鹰。

最是九秋鹰得意，擒完郊兔便起生。

学者于此形加意焉。

步径直。一步一组。如下图

第一节　鹰形进步路线

路线图略。

第十一章　鷹形講義

鷹者爲禽中最猛最狠之禽也。其性瞽目能見細微之物。放爪能有攫獲之精。其性外陽內陰。取之身內能起腎中眞陽。穿關透體。補還於腦。形之於拳。能仰心火滋腎水。形勢順則眞精化炁。通任開督流通百脈。灌漑三田。驅逐一身百竅之陰邪。滌蕩百脈之濁穢。形勢逆則腎水失調。陰火上升。目生雲翳矣。故曰英雄處世不驕矜。遇便何妨一學鷹。最是九秋鷹得意。擒完郊兎便起生。學者於此形加意焉。

第一節　鷹形進步路線

步徑直。一步一組。如下圖。

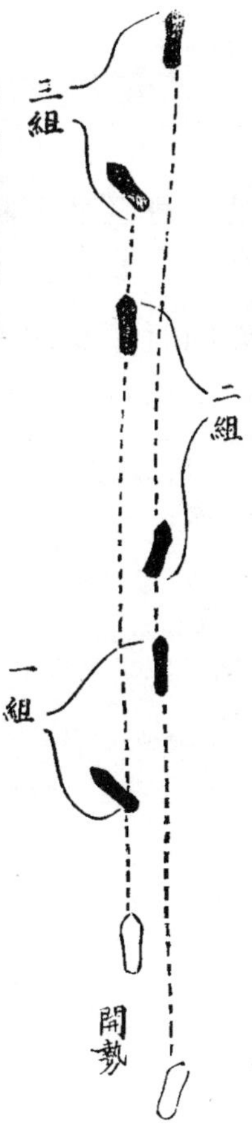

第二节　鹰形左起势

开首三才势。先将左手向回抓劲，将至脐下翻成阴拳；右手亦抓紧攥成阳拳，停在右脐旁。左足再向前斜横着进步着地。左手拳手心朝上，亦同时顺身向前上蹭直伸，伸至与鼻相齐，与左膝相顺。头顶身挺，肩扣气垂。目视左手阴拳小指中节。（鹰形左起势图一）

第二節　鷹形左起勢

開首三才勢。先將左手向回抓勁。將至臍下翻成陰拳。右手亦抓緊攥成陽拳。停在右臍傍。左足再向前斜橫着進步着地。左手拳手心朝上。亦同時順身向前上躦直伸。伸至與鼻相齊。與左膝相順。頭頂身挺肩扣氣垂。目視左手陰拳小指中節。

第二節鷹形左起勢圖一

第三节　鹰形右落势

换势左足不动，右足向前进步。右手拳同进步时，向里拧劲，拧（点校："劲"应为"拧"，据原稿《勘误表》改）至手心朝上，从胸上蹿，顺左肱肘里往前直伸，至极处，翻扣成半阴阳掌，与心口相平，并与右膝相顺；左手亦同时顺右肱向回拉劲，至脐紧靠。两肩里扣松开，头顶身挺，舌卷气垂。目视右手食指梢。（鹰形右落势图二）

此左右两势，承上接下，要合成一气练习。再演手足身法，仍与起势一、落势二相同，数勿拘。

第三節　鷹形右落勢

換勢左足不動。右足向前進步。右手拳同進步時。向裏擰勁。勁至手心朝上。從胸上躦。順左肱肘裏往前直伸。至極處。翻扣成半陰陽掌。與心口相平。並與右膝相順。左手亦同時順右肱向回拉勁。至臍緊靠。兩肩裏扣鬆開。頭頂身挺。舌捲氣垂。目視右手食指稍。此左右兩勢承上接下。要合成一氣練習。再演手足身法。仍與起勢一。落勢二。相同。數勿拘。

第三節鷹形右落勢圖二

第四节　鹰形回身法

左足在前右转身，右足在前左转身。转身时，左足回扣成斜横，右足随进仍斜顺。左手同时下落抓成拳，至脐翻成阴拳；右手亦同时攥上拳，向里拧劲，成阴拳，顺身往前上蹿直伸，高与鼻齐。目视小指中节。（鹰形右转回身图三）再进步换势，仍与前势相同。收势归原地休息。

路线图略。

第四節　鷹形回身法

左足在前右轉身。右足在前左轉身。轉身時左足回扣成斜橫。右足隨進仍斜順。左手同時下落抓成拳至臍翻成陰拳。右手亦同時攥上拳向裏擰勁。成陰拳。順身往前上蹤直伸。高與鼻齊。目視小指中節。再進步換勢。仍與前勢相同。收勢歸原地休息。

第四節鷹形右轉回身圖

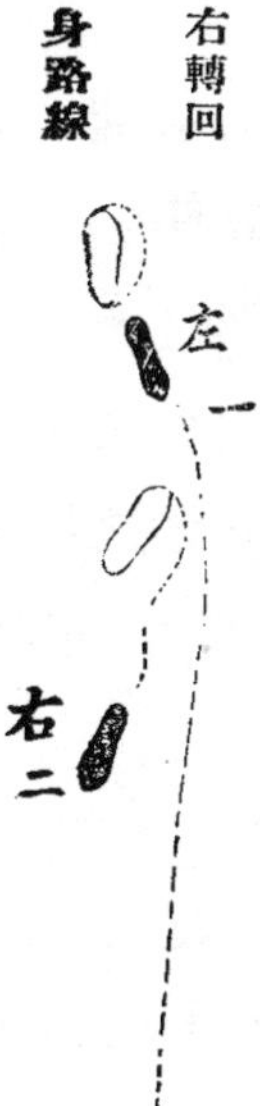

第十二章　熊形讲义

熊者物之最钝笨者也，性直不屈，而力最猛。其形极威，外阴而内阳。取之身内，能助脾中真阴，消化饮食，透关健体，使阴气下降，补还丹田。形之于拳，有竖项之力，斗虎之猛，如与鹰形相合，演之气之上升而为阳，气之下降而为阴，谓之阴阳相摩，亦谓之鹰熊斗志。总之不过一气之伸缩。前编龙形、虎形单演为开，此二形并习为合。故曰：

行行出洞老熊形，为要放心胜不仲。

得来只争斯一点，真情寄语有人情。

学者明了十二形开合之理，可以入道修德矣。

第一节　熊形进步路线

路线图略。

第十二章　熊形講義

熊者物之最鈍笨者也。性直不屈。而力最猛。其形極威。外陰而內陽。取之身內。能助脾中。眞陰消化飲食透關健體。使陰氣下降。補還丹田形之於拳。有豎項之力。鬥虎之猛。如與鷹形相合演之。氣之上升而爲陽氣之下降而爲陰。謂之陰陽相摩。亦謂之鷹熊鬥志。總之不過一氣之伸縮。前編龍形虎形單演爲開。此二形並習爲合。故曰行行出洞老熊形。爲要放心勝不仲。得來只爭斯一點眞情寄語有人情。學者明瞭十二形開合之理。可以入道修德矣。

第一節　熊形進步路線

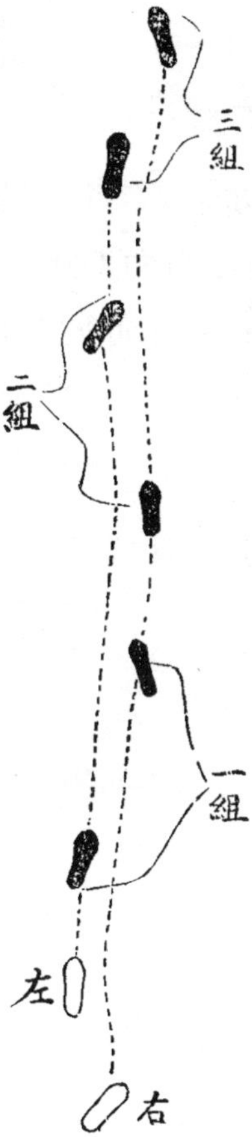

第二节　鹰熊合演右起势

开首三才势。先将左足向前垫步。右手同时攥上拳，向里拧至手心朝上，从右肋顺心口极力向上躜，躜成阴拳，伸开，高与鼻齐，与左膝相顺；左手亦同时攥上拳，向回拉至左胯，阳拳紧靠。身坳步顺，项上直竖，两肩扣，肱曲伸。目视右手阴拳小指中节。（鹰熊合演右起势图一）

第二節　鷹熊合演右起勢

開首三才勢。先將左足向前墊步。右手同時攥上拳。向裏擰至手心朝上。從右肋順心口極力向上躦。躦成陰拳伸開。高與鼻齊。與左膝相順。左手亦同時攥上拳。向回拉至左胯。陽拳緊靠。身坳步順。項上直豎。兩肩扣。肱曲伸。目視右手陰拳小指中節。

第二節鷹熊合演右起勢圖一

第三节　鹰熊合演右落势

换势。右足尖向里合，斜着往前进步落地。左手拳同时向里拧至手心朝上，从胸顺右肱里往前伸出，伸至极处下翻成阳掌，与右膝相顺，离膝前四五寸之远；右手拳亦同时下扣成掌，向回拉至右胯，阳掌停住。左足跟再同时欠起，足尖点地。两膝相扣，身子阴阳相合，腰下塌劲，左手右足相顺。目视左手食指梢。（鹰熊合演右落势图二）

第三節　鷹熊合演右落勢

換勢。右足尖向裏合。斜着往前進步落地。左手拳。同時向裏擰至手心朝上。從胸順右肱裏往前伸出。伸至極處下翻成陽掌。與右膝相順。離膝前四五寸之遠。右手拳亦同時下扣成掌。向回拉至右胯陽掌停住。左足根再同時欠起足尖點地。兩膝相扣。身子陰陽相合。腰下塌勁。左手右足相順。目視左手食指稍。

第三節鷹熊合演右落圖二

第四节　鹰熊合演左起势

换势。右足向前垫步。两手同时攥上拳，左手拳向回下捋至脐，再顺身向上往前阴掌伸出，与鼻相齐，与右膝相顺；右手翻成阴拳，仍停右肋。头上顶，目视左手阴拳小指中节。（鹰熊合演左起势图三）

第四節　鷹熊合演左起勢

換勢。右足向前墊步。兩手同時攥上拳。左手拳向回下捋至臍。再順身向上往前陰拳伸出與鼻相齊。與右膝相順。右手翻成陰拳仍停右肋。頭頸上頂。目視左手陰拳小指中節。

第四節鷹熊合演左起勢圖

第五节 鹰熊合演左落势

再换势，左足尖向里合，往前斜着进步落地。右手阴拳同足进时，从胸顺左肱往前极力伸开至极处，下翻成阳掌，与左膝相顺，与左足相齐，左手阴拳亦同时下扣向回拉至左胯阳掌停住。右足跟亦再欠起，两膝里扣，身子阴阳相合，颈项直竖，腰下垂劲。目视右手食指梢。再演仍与左右两势手足身法相同，数勿拘。（鹰熊合演左落势图二）

第六节 鹰熊合演回身法

第五節　鷹熊合演左落勢

再換勢。左足尖向裏合往前斜着進步落地。右手陰拳同足進時。從胸順左肱往前極力伸開。至極處下翻成陽掌。與左膝相順。與左足相齊左手陰拳亦同時下扣向回拉至左胯陽掌停住。右足根亦再欠起。兩膝裏扣。身子陰陽相合。頸項直豎。腰下垂勁。目視右手食指稍。再演。仍與左右兩勢。手足身法。相同。數勿拘。

第五節鷹熊合演左落勢圖二

第六節　鷹熊合演回身法

左足在前右转身，右足在前左转身。转身时，先将右足尖向外回扭劲，左足同时向右足后前进步。右手搂回同时向里拧，拧成阴拳，从胸上蹭齐鼻，仍与左膝相顺，左手攥上拳仍停左胯。目上视右手阴拳。腰下垂劲。再进步，换势，仍与前落势相同，收势归原地休息。（鹰熊合演回身法）

第六節鷹熊合演回身法

左足在前右轉身。右足在前左轉身。轉身時。先將右足尖向外回扭勁。

左足同時向右足後前進步。右手摟回同時向裏摔。摔成陰拳。從胸上蹬齊鼻。仍與左膝相順。左手攥上拳。仍停左胯。目上視右手陰拳。腰下垂勁。再進步。換勢。仍與前落勢相同。收勢歸原地休息。

版权页略。

中華民國十八年十月初版

形意拳術講義
定價每册 平裝洋一元二角 精裝洋一元五角

23·3

編輯者 河北束鹿 薛顛
校閱者 河北冀縣 高志仁
河北武強 蔣馨山
河北定興 李子揚
河北深縣 張春生
河北寶坻 李學志
印刷者 北平公記印書局
發行者 河北天津東馬路天津縣國術館
代售處 天津大胡同大成書局
北平直隸書局
上海[illegible]三馬路[illegible]書局
奉天[illegible]書局
長春[illegible]書局

五行拳

序

易筋经为少林武术祖师达摩禅师所传授，分内外两经。内经主柔，以静坐运气为事。非少林正宗子弟，不得其传；且擅此者，亦不肯轻易授人，守少林戒也。后之练武者，欲自炫耀，往往皆以十二段锦之法化之，以其段数相同，法则相类也。其实十二段锦自十二段锦，易筋经自易筋经，两经可互而不可尽混者也。至于外经，则主刚，以强筋练力为事。其法遍传于世，唯真本亦殊不多遘。坊间俗本，所载各段，节数虽相同，其法实大有出入。欲觅一完善之本，不可得也。

大抵此法盛行于北方。兹编各法，乃得之于山西药商邹仲达君之密授。据云：为少林山陕支派之真传，较寻常坊本为胜也。法偏重于上肢，实为练力运气、舒展筋脉之妙法。每日勤行四五次，百日之后，则食量增加，筋骨舒畅，百病不生；至一二年后，则非但身体强健精神饱满，且两臂之力，可举千斤。即为平素孱弱多病，力不足以缚雏者，练习一二年，亦可以一扫其孱弱，两臂增加数百斤之力。至若老年之人，精气已衰，勤习此法，虽不足以返老还童，亦足以延年却病。江右老人程明志，年已八

序

易筋經爲少林武術祖師達摩禪所傳授。分内外兩經。内經主柔。以静坐運氣爲事。非少林正宗子弟。不得其傳。且擅此者。亦不肯輕易授人。守少林戒也。後之練武者。欲自衒耀。往往皆以十二段錦之法化之。以其段數相同。法則相類也。其實十二段錦自十二段錦。易筋經自易筋經。兩經可互而不可盡混者也。至于外經。則主剛。以强筋練力爲事。其法遍傳于世。惟眞本亦殊不多遘。坊間俗本。所載各段。節數雖相同。其法實大有出入。欲覓一完善之本。不可得也。大抵此法盛行于北方。兹編各法。乃得之于山西藥商鄒仲達君之秘授。據云。爲少林山陝支派之眞傳。較尋常坊本爲勝也。法偏重于上肢。實爲練力運氣。舒展筋脉之妙法。每日勤行四五次。百日之後。則食量增加。筋骨舒暢。百病不生。至一二年後。則非但身體强健精神飽滿。且兩臂之力。可舉千斤。即爲平素孱弱多病。力不足以縛雞者。練習一二年。亦可以一掃其孱弱。兩臂增加數百斤之力。至若老年之人。精氣已衰。勤習此法。雖不足以返老還童。亦足以延年却病。江右老人程明志。年已八

一

旬，精神犹如壮年，日徒步三十里不为苦。尝谓余曰："予气体素弱，中年多病。从友人之言，勤习易筋后，不久即康健。四十年中，从未为病魔所扰。今犹能强健步者，谓非易筋经之功乎?"观乎老人之言，则此法之效力，可以知之矣。

兹特将前后两经练法绘图列说，印行于世，以公同好，且为坊间俗本一证其讹。

偶庵识

旬。精神猶如壯年。日徒步三十里不爲苦。嘗爲余曰。予氣體素弱。中年多病。從友人之言。勤習易筋後。不久即康健。四十年中。從未爲病魔所擾。今猶能强健步者。謂非易筋經之功乎。觀乎老人之言。則此法之效力。可以知之矣。茲特將前後兩經練法繪圖列説。印行于世。以公同好。且爲坊間俗本一證其訛。

二

倜庵识

嫡派真传

少林内功秘传 目 次

嫡派真传 少林内功秘傳 目次

二

弁 言

先强健体魄，而后易收明心见性之功也。自此少林武术，遂成一派，时在梁隋之际也。及乎宋代，武当道士张三丰，修真养气，而得神传之秘，应召入京，途中遇寇，一夜之间，以单丁杀贼百余人。其武术亦为世所推重，从游以求其技者，亦颇众多，至是武术除少林一派之外，又增一武当派矣。故今之学武术者，不出于少林，即出于武当。顾少林之术，似属于刚，专注意于力之作用；而武当之术，如太极、八卦等拳法，皆以柔胜，纯任自然，而专注意于气之作用。因此，世人又强指少林为外家功夫，以武当为内家功夫，殊不知内功、外功之分别，并不在于两家之宗派也。刚柔寓阴阳之理，刚属阳而柔属阴，阴阳相济，始可孕育化生。独阴不生，孤阳不长，此一定不易之理也。于万物皆如此，而谓于武术一道，反能越出此理乎？少林派之武术，显刚隐柔，即所谓寓柔于刚者是也，故亦可以鼓气以御敌；武当派之武术，显柔隐刚，即所谓寓刚于柔者是也，故可以鼓气以击人。因皆刚柔相济，阴阳相生之法，若谓少林有刚而无柔，武当有柔而不刚，则我实未见其可也。唯因此而宗派出矣。宗派既分，门户斯立。如同学于少林门下之人，因师父之不同，而手法稍异，则必号于众曰，我师何人也。我之所学某家之行派。甚有一知半解之

先强健體魄。而後易收明心見性之功也。自此少林武術。遂成一派。時在梁隋之際也。及乎宋代。武當道士張三豐。修真養氣。而得神傳之秘。應召入京。途中遇寇。一夜之間。以單丁殺賊百餘人。其武術亦爲世所推重。從遊以求其技者。亦頗衆多。至是武術除少林一派之外。又增一武當派矣。故今之學武術者。不出于少林。即出于武當。顧少林之術，似屬于剛。專注意于力之作用。而武當之術。如太極八卦等拳法。皆以柔勝。純任自然。而專注意于氣之作用。因此世人又强指少林爲外家功夫。以武當爲內家功夫。殊不知內功外功之分別。並不在于兩家之宗派也。剛柔寓陰陽之理。剛屬陽而柔屬陰。陰陽相濟。始可孕育化生。獨陰不生。孤陽不長。此一定不易之理也。于萬物皆如此。而謂于武術一道。反能越出此理乎。少林派之武術。顯剛隱柔。即所謂寓柔于剛者是也。故亦可以鼓氣以御敌。武當派之武術。顯柔隱剛。即所謂寓剛于柔者是也。故可以鼓氣以擊人。因皆剛柔相濟。陰陽相生之法。若謂少林有剛而無柔。武當有柔而不剛。則我實未見其可也。惟因此而宗派出矣。宗派既分。門户斯立。如同學于少林門下之人。因師父之不同。而手法稍异。則必號于衆曰。我師何人也。我之所學某家之行派。甚有一知半解之徒，略习皮毛，即变更成法，专取悦目，而自鸣得意，自立门户，以期炫耀于世。此于少林、武当两派之外，又有所谓某家拳某家刀拳，但一究其实，则其本源要不出两派也。至于内外功夫，两派中本皆有之，唯后人门户之见太深，凡学少林派者，则指武当为柔术，而不言其外功；学武当派者，则指少林为外功，而不言其内功，积久而此种见解，随成为学武者之通病矣。今试执一略知武术者而询其内功之源流，则彼必猝然而对曰：是出于道家，而武当实其嚆矢。若语少林内功，彼必嗤为妄言，而必不肯信，斯非过甚之言也。世间万事，只要门户之见一深，即易发生此弊。固不仅武术然也，即以文事喻之，孔孟之徒，必斥杨墨；而杨墨之徒，必非孔孟。其实孔孟之学，固足为法，而杨墨之学，亦有可取，其所以不能相容而互相排斥者，门户之见深也。故予谓欲集各家之长，必先破门户之见而后可。若斤斤于此，势成冰炭，无融合之余地，则两派之长，固可保持，欲熔冶一炉，而推阐演进，以求其最精奥之武术，必不能也。且犹有说者，武当祖师张三丰之武术，亦从少林派中得来；且有谓张实出于少林之门。此说虽无可征信，不足为据，而明代著名之武当派武术家如张松溪等，其初固皆从少林派学，后始转入武当门下者。由此

徒。略習皮毛。即變更成法。專取悦目。而自鳴得意。自立門户。以期衒耀于世。此于少林武當二派之外。又有所謂某家拳某家刀拳。但一究其實。則其本源要不出二派也。至于內外功夫。二派中本皆有之。惟後人門户之見太深。凡學少林派者。則指武當爲柔術。而不言其外功。學武當派者。則指少林爲外功。而不言其內功。積久而此種見解。隨成爲學武者之通病矣。今試執一略知武術者而詢其內功之源流。則彼必猝然而對曰。是出于道家。而武當實其嚆矢。若語少林內功。彼必嗤爲妄言。而必不肯信。斯非過甚之言也。世間萬事。祇要門户之見一深。即易發生此弊。固不僅武術然也。即以文事喻之。孔孟之徒。必斥楊墨。而楊墨之徒。必非孔孟。其實孔孟之學。固足爲法。而楊墨之學。亦有可取。其所以不能相容而互相排斥者。門户之見深也。故予謂欲集各家之長。必先破門户之見而後可。若斤斤於此。勢成冰炭。無融合之餘地。則兩派之長。固可保持。欲融冶一爐，而推闡演進。以求其最精奥之武術。必不能也。且猶有説者。武當祖師張三豐之武術。亦從少林派中得來。且有謂張實出于少林之門。此説雖無可徵信。不足爲據。而明代著名之武當派武術家如張松溪等。其初固皆從少林派學。後始轉入武當門下者。由此以观，则两派固可相容，而不必互相排斥者矣。其实少林派中，各种功夫，并非完全为外功，亦自有内功在。易筋、洗髓二经，所列各法，而能称之为外功乎？更进一步言之，道家练气而讲胎息，佛家养气而讲禅定，我人试就此胎息与禅定二事，而究其妙用之所在，其理果有所异乎？一则心中念念在道，一则心中念念在佛，表面虽微有不同，实际则互相吻合，此所谓殊途同归者是矣。予不揣鄙陋，而有此少林内功之编，非必欲苟异于人，而强别于武当派之内功，实因少林亦固有其内功，以世人忽视而不传，甚为可惜。故不厌词费而述之，使世之学武者知少林亦非专以外功见长也。更愿学武者皆平心静气，破除门户之见，将两派之内功，互相参证，而求融合发明之道，使达至高无上之域。则强种强国，固可于此中求之，而益寿引年之机，亦寄于此焉。须知内功入手极难，不似外功之举手投足及拔钉插沙之简易。但练成之后，虽不能白日飞升，然身强力健，上寿可期。愿学者毋畏其难而却步也。

内功与外功之区别

凡练习武事之人，除各种拳法之外，必兼练一二种功夫以辅其不足。盖以拳法为临

以觀。則兩派固可相容。而不必互相排斥者矣。其實少林派中。各種功夫。並非完全爲外功。亦自有内功在。易筋洗髓二經。所列各法。而能稱之爲外功乎。更進一步言之。道家練氣而講胎息。佛家養氣而講禪定。我人試就此胎息與禪定二事。而究其妙用之所在。其理果有所异乎。一則心中念念在道。一則心中念念在佛。表面雖微有不同。實際則互相吻合。此所謂殊途同歸者是矣。予不揣鄙陋。而有此少林内功之編。非必欲苟异于人。而强别于武當派之内功。實因少林亦固有其内功。以世人忽視而不傳。甚爲可惜。故不厭詞費而述之。使世之學武者知少林亦非專以外功見長也。更願學武者皆平心静氣。破除門户之見。將兩派之内功。互相參證。而求融合發明之道。使達最高無上之域。則强種强國。固可于此中求之。而益壽引年之機。亦寄於此焉。須知内功入手極難。不似外功之舉手投足及拔钉揷沙之簡易。但練成之後。雖不能白日飛昇。然身强力健。上壽可期。願学者毋畏其難而却步也。

内功與外功之區別

凡練習武事之人。除各種拳法之外。必兼練一二種功夫以輔其不足。蓋以拳法爲臨敌时动作之法则，而功夫则为制敌取胜之根本。若练就功夫而不谙拳法，应敌时虽不免为人所乘，其吃亏尚小；若单知拳法而不习功夫，则动作虽灵敏，要不足以制人，结果必大吃其亏。故有“打拳不练功，到老一场空”之谚。此功夫之不可不练也。功夫之种类，亦繁复众多，不遑枚举，然就大体区分之，则不出乎两种，即外功与内功是也。外功则专练刚劲，如打马鞍、铁臂膊等；制人则有余，而自卫则不足。内功则专练柔劲，如易筋经、捶练等法，皆行气入膜，以充实其全体；虽不足以制人，而练至炉火纯青之境，非但拳打脚踢不能损伤其毫发，即刀劈剑刺，亦不能稍受伤害。依此而论，则内功之优于外功，固不待智者而后知也。且练习武术之人，本以强健体魄却病延年为本旨，学之兼以防毒蛇猛兽之侵凌及盗贼意外等患害，非所以教人尚攻杀斗狠者也。故涵虚禅师之言曰：“学武技者，尚德不尚力，重守不重攻；唯守斯静，静是生机；唯攻乃动，动是死机。”练外功者，劈击点刺，念念在于制人，是重于攻，若守则此等功夫，完全失其效用。攻则非但足以杀人，亦且足以自杀，故谓之死机。练内功者，运气充体，如筑壁垒，念念在于自保。他人来攻，即有功夫兵刀，皆不足以伤我，我亦处之泰然，任其袭击，亦不至于杀

敵時動作之法則。而功夫則爲制敵取勝之根本。若練就功夫而不諳拳法。應敵時雖不免爲人所乘。其吃虧尚小。若單知拳法而不習功夫。則動作雖靈敏。要不足以制人。結果必大吃其虧。故有打拳不練功。到老一場空之諺。此功夫之不可不練也。功夫之種類。亦繁復衆多。不遑枚舉。然就大體區分之。則不出乎兩種。即外功與內功是也。外功則專練剛勁。如打馬鞍鐵臂膊等。制人則有餘。而自衛則不足。內功則專練柔勁。如易筋經。捶練等法。皆行氣入膜。以充實其全體。雖不足以制人。而練至爐火純青之境。非但拳打脚踢。不能損傷其毫髮。即刀劈劍刺。亦不能稍受傷害。依此而論。則內功之優于外功。固不待智者而後知也。且練習武術之人。本以强健體魄。却病延年爲本旨。學之兼以防毒蛇猛獸之侵凌。及盜賊意外等患害。非所以教人尚攻殺鬥狠者也。故涵虛禪師之言曰。學武技者。尚德不尚力。重守不重攻。惟守斯静。静是生機。惟攻乃動。動是死機。練外功者。劈擊點刺。念念在于制人。是重于攻。若守則此等功夫。完全失其效用。攻則非但足以殺人。亦且足以自殺。故謂之死機。練內功者。運氣充體。如築壁壘。念念在于自保。他人來攻。即有功夫兵刃。皆不足以傷我。我亦處之泰然。任其襲擊。亦不至于殺人。则守之一字，其功正大，既能自保，亦正不必再出守攻人，因攻我者不能得志，势必知难而退也，故谓之生机。然世之学武者，又恒多练习外功，而少见练内功者，则又何故耶？因外功一事，学习既较为便利，而所费时日又较短少，无论所习者为何种外功，多则三年，少则一年，必可见效。如练打马鞍，三年之后，拳如铁石，用力一击，可洞坚壁。余亦类是。避重就轻之心理，固人人皆有者也。至若内功，则殊不易言成，一层进一层，深奥异常，学之既繁复难行，而所费时日，亦必数倍于外功，且不能限期成功，故人皆畏其难而却步矣。他派固勿论，即投身少林门中者，彼未始不知少林一派中亦有精纯之内功，顾皆舍此而习外功者，实避重就轻之心理使然也。至练习内功，略无根基，入手即练，其难自不待言；若意志坚强，身体壮健，而其人又具夙慧者，练此最为相宜，因内功固重于悟性也。

武术内功与道家内功之异同

武术中之所谓内功者，是否与道家之内壮功夫相同，此问题急须解决者。大概今人之言内功者，皆指道家炼丹修道之内功而言，所以谓少林系外家而无内功者，亦由

人。則守之一字。其功正大。既能自保。亦正不必再出守攻人。因攻我者不能得志。勢必知難而退也。故謂之生機。然世之學武者。又恒多練習外功。而少見練內功者。則又何故耶。因外功一事。學習既較爲便利。而所費時日又較短少。無論所習者爲何種外功。多則三年。少則一年。必可見效。如練打馬鞍。三年之後。拳如鐵石。用力一擊。可洞堅壁。餘亦類是。避重就輕之心理。固人人皆有者也。至若內功。則殊不易言成。一層進一層。深奧異常。學之既繁復難行。而所費時日。亦必數倍于外功。且不能限期成功。故人皆畏其難而却步矣。他派固勿論。即投身少林門中者。彼未始不知少林一派中亦有精純之內功。顧皆捨此而習外功者。實避重就輕之心理使然也。至練習內功。略無根基。入手即練。其難自不待言。若意志堅强。身體壯健。而其人又具夙慧者。練此最爲相宜。因內功固重于悟性也。

武術內功與道家內功之異同

武術中之所謂內功者。是否與道家之內壯功夫相同。此問題急須解決者。大概今人之言內功者。皆指道家煉丹修道之內功而言。所以謂少林系外家而無內功者。亦由于是。盖少林为释氏之徒，以拯拔一切众生为旨，非专修一已之寿命者，故无所谓炼丹等事。因此外界遂以为既无修炼之术，自然决无内功之言矣，此诚极大之谬误也！殊不知武术中之内功，与道家之内功，固截然不同，二者可相印证，可相发明，而绝端不能混为一谈也。然其间亦微有相同之处，即运行气血以充实身体是也。兹且分述其不同之点，以证明武术中之内功，非即道家之所谓内功也，亦所以证武术中之内功，少林派中亦自有之，而非武当所专擅者也。夫道家之所谓修炼者，其主旨在于证道成仙，其练法则重于运气凝神聚精，使三者互相结合，将本身内阴阳二气相融会，而名之曰和合阴阳。阴阳既和，又必使其精神媾和，如行夫妇道，则名为龙虎媾。既媾之后，精神凝聚，如妇人之媾而成孕，则名为圣母灵胎。待此灵胎结成，而具我象，则名为胚育婴儿，而大丹成矣。由此而证道登仙矣。练此者为内功，而彼以烧铅练汞者，固不与焉。然其所谓内功，虽非如是简略容易，但就此以推求之，则与武功，竟无丝毫之关系。虽证道之后，成为不坏之身，而不虞外面之侵害，但成者，古今来能有几人哉？至于武术中之内功，则无所谓灵胎胚育等能事，唯运气则相同，其主旨在于以神役气，以气使力，以力固脚，三者循回

于是。蓋少林爲釋氏之徒。以拯拔一切衆生爲旨。非專修一己之壽命者。故無所謂煉丹等事。因此外界遂以爲既無修煉之術。自然決無内功之言矣。此誠極大之謬誤也。殊不知武術中之内功。與道家之内功。固截然不同。二者可相印證。可相發明。而絶端不能混爲一談也。然其間亦微有相同之處。即運行氣血以充實身體是也。玆且分述其不同之點。以證明武術中之内功。非即道家之所謂内功也。亦所以證武術中之内功。少林派中。亦自有之。而非武當所專擅者也。夫道家之所謂修煉者。其主旨在于證道成仙。其練法則重于運氣凝神聚精。使三者互相結合。將本身内陰陽二氣相融會。而名之曰和合陰陽。陰陽既和。又必使其精神媾合。如行夫婦道。則名爲龍虎媾。既媾之後。精神凝聚。如婦人之媾而成孕。則名爲聖母靈胎。待此靈胎結成。而具我象，則名爲胚育嬰兒。而大丹成矣。由此而證道登仙矣。練此者爲内功。而彼以燒鉛練汞者。固不與焉。然其所謂内功。雖非如是簡略容易。但就此以推求之。則與武功。竟無絲毫之關系。雖證道之後。成爲不壞之身。而不虞外面之侵害。但成者。古今來能有幾人哉。至于武術中之内功。則無所謂靈胎胚育等能事。惟運氣則相同。其主志在于以神役氣。以氣使力。以力固脚。三者循廻往复，周行不息，则身健而肉坚矣。吾人之生也，固全恃乎气血，而气之运行，完全在于内府，而外与血液依筋络而循行相应，而体膜之间，气固不能达也。武术内功之所谓内功者，即将气连于内膜，而使身体坚强之法也，亦非如道家修炼之气注丹田，融精会神也。此功练成之后，虽不能名登仙籍长生不老，而全身坚实，我欲气之注于何处，则气即至何处。气至之处，筋肉如铁，非但拳打足踢所不能伤，即剑刺斧劈，亦所不惧，以气充于内也。后所谓金钟罩、铁布衫等法，仅练得内功之一部分而已，实未足以语此也。此等功夫，练者虽不多，然吾人犹能于千百人中，见其一二，非若真仙不能一见者可比也。此武术中之内功，练习较外功固繁难倍从，然较诸道家之内功，犹容易不少也。

内功之主要关键

练习内功，极难入手，非若练外功之专靠肢体之动作与勤行不怠即可收效也。因内功之重者，在于运气。我欲气至背，气即充于背；我欲气至臂，气即充于臂，任意所之，无往不可，斯能收其实用。试思欲其如此，谈何容易。夫气本不能自往復。周行不息。則身健而肉堅矣。吾人之生也。固全恃乎氣血。而氣之運行。完全在于內府。而外與血液依筋絡而循行相應。而體膜之間。氣固不能達也。武術內功之所謂內功者。即將氣運于內膜。而使身體堅强之法也。亦非如道家修煉之氣注丹田。融精會神也。此功練成之後。雖不能名登仙籍。長生不老。而全身堅實。我欲氣之注于何處。則氣即至何處。氣至之處。筋肉如鐵。非但拳打足踢所不能傷即劍刺斧劈。亦所不懼。以氣充于內也。後所謂金鐘罩鐵布衫等法。僅練得內功之一部分而已。實未足以語此也。此等功夫。練者雖不多。然吾人猶能于千百人中。見其一二。非若真仙不能一見者可比也。此武術中之內功。練習較外功固繁難倍蓰。然較諸道家之內功。猶容易不少也。

內功之主要關鍵

練習內功。極難入手。非若練外功之專靠肢體之動作。與勤行不怠。即可收效也。因內功之重者。在于運氣。我欲氣至背。氣即充于背。我欲氣至臂。氣即充于臂。任意所之。無往不可。斯能收其實用。試思欲其如此。談何容易。夫氣本不能自行，其行，神行之也。故在入手之初，当以神役气。盖入手时毫无根基，而欲气之任意运行，而无所阻核，固所不能。所谓以神役气者，即从想念入手。如我欲气注于背，我之意想先气而达于背，气虽未到，神则已到。如此久思，气必能渐渐随神俱到，所谓气以神行者是也。此一步法则，亦极难办到，由意想而成为事实，颇费周折，万事皆然，不仅行功已也。在初行之时固定一部，而加以运用，先则意至，次则神随意至，终则气随神至。达最后一步后，再另换一个部分，依法运行之。如此一处处逐渐更换，以迄全身。乃更进一步，使气可随神运行全身各部，而毫无阻滞，斯则大功可成矣。唯“以神役气”四字，言之匪艰，行之维艰，练至成功，其间不知须经过多少周折，而行功唯一之关键，即在于此。行功所最忌者，为粗浮、躁进、贪得、越躐等事。练习外功者固亦忌此，然练习内功，忌之尤甚。因外功如犯此数忌，虽足以为害，而其害仅及肢体；如内功而犯此等弊病，其为害入于内部。肢体之伤易治，内部之伤难医，故务须注意焉。且每闻有因练习内功，而成为残废或发疯、癞瘫痪等症者，人每归罪于内功之贻害，殊不知彼于行功之时，必犯上述之弊病而始致如此。盖粗浮则神气易散，躁进则神气急促，越躐即气不随神，

行。其行。神行之也。故在入手之初。當以神役氣。蓋入手時毫無根基。而欲氣之任意運行。而無所阻核。固所不能。所謂以神役氣者。即從想念入手。如我欲氣注于背。我之意想。先氣而達于背。氣雖未到。神則已到。如此久思。氣必能漸漸隨神俱到。所謂氣以神行者是也。此一步法則。亦極難辨到。由意想而成爲事實。頗費周折。萬事皆然。不僅行功已也。在初行之時固定一部。而加以運用。先則意至。次則神隨意至。終則氣隨神至。達最後一步後。再另換一個部分。依法運行之。如此一處處逐漸更換。以迄全身。乃更進一步。使氣可隨神運行全身各部。而毫無阻滯。斯則大功可成矣。惟以神役氣四字。言之匪艱。行之惟艱。練至成功。其間不知須經過多少周折。而行功惟一之關鍵。即在于此。行功所最忌者。爲粗浮、躁進、貪得、越躐、等事。練習外功者固亦忌此。然練習內功。忌之尤甚。因外功如犯此數忌。雖足以爲害。而其害僅及肢體。如內功而犯此等弊病。其爲害入于內部。肢體之傷易治內部之傷難醫。故務須注意焉。且每聞有因練習內功。而成爲殘廢或發瘋癲癱瘓等癥者。人每歸罪于內功之遺害。殊不知彼于行功之時。必犯上述之弊病而始致如此。蓋粗浮則神氣易散。躁進則神氣急促。越躐即氣不隨神。

贪得则神败气伤，要皆为行功之大害。且犯此弊病者，颇不易救。因我人之生存，全凭此一口气息，气存则生，气尽则死，气旺则康强，气散则疾病，运行不当，其足以致害也，不言可知矣。粗心浮气之人，运气不慎，而入于岔道，不能退出，如走入尽头之路，势必成为残疾；若躁进越躐，功未至而欲强之上达，则如初能步履之儿，而使跳跃，鲜有不仆者。瘫痪疯癫一类病症，实皆由此而致，非内功不良之足以贻害，实练习者不自审慎，以至蒙其害也。凡练习内功之人，对于此种关键处，能加以注意，则难关打破，不难成功矣。我故曰贪多务得，非但不能成功，且轻则害及肢体，重则危及生命，实自杀之道，非练功之本旨也。愿学者慎之。

练功与修养

练习武功之本旨，实在于锻炼身体，使之坚实康强，亦所以防虫兽盗贼之患，非教人以好勇斗狠为事也。故涵虚禅师有“学习武术，尚德不尚力”之语。夫至德所及，金石可开，豚鱼能格，初不必借重武力，而始可使人折服也。故学习武事之人，对于道德之修养，亦为最重要之事。若不讲道德，专事武功，虽未始不足以屈人于一

貪得則神敗氣傷。要皆爲行功之大害。且犯此弊病者。頗不易救。因我人之生存。全憑此一口氣息。氣存則生。氣盡則死。氣旺則康强。氣散則疾病。運行不當。其足以致害也。不言可知矣。粗心浮氣之人。運氣不慎。而入于岔道。不能退出。如走入盡頭之路。勢必成爲殘疾。若躁進越躐。功未至而欲强之上達。則如初能步履之兒。而使跳躍。鮮有不僕者。癱瘓瘋癲一類病症。實皆由此而致。非内功不良之足以貽害。實練習者不自審慎。以至蒙其害也。凡練習内功之人。對于此種關鍵處。能加以注意。則難關打破。不難成功矣。我故曰貪多務得。非但不能成功。且輕則害及肢體。重則危及生命。實自殺之道。非練功之本旨也。願學者慎之。

練功與修養

練習武功之本旨。實在于煆煉身體。使之堅實康强。亦所以防蟲獸盜賊之患。非救人以好勇鬥狠爲事也。故涵虚禪師有學習武術。尚德不尚力之語。夫至德所及。金石可開。豚魚能格。初不必借重武力。而始可使人折服也。故學習武事之人。對于道德之修養。亦爲最重要之事。若不講道德。專事武功。雖未始不足以屈人于一时，然终不能使人永久佩服，盖力足以屈人之身，而不能人之心也。每见武术功深之人，谦恭有礼，和蔼可亲，纵有人辱之于通衢，击之于广座，彼亦能忍受，韬晦功深，不肯轻举妄动以至人于伤害也。盖彼功夫既精，若不如此，则举手投足间，皆足以杀人。杀人为丧德之事，故不为也。唯彼略得一二手势，粗知武功皮毛者，则粗心浮气，扬手掷足，欲自显其能为，尤为小事，甚则好勇斗狠，动辄与人挥拳。胜亦无益，败或残身，且偶然之胜，亦不可终恃，结果必有胜我之人，此俗语所谓“有丈一还有丈二者”是也。此等举动，实为自杀之道，去学武之本旨远矣。以项羽之勇，而终败于乌江，非武功之不逮，德不及也。故德性之修养，宜与武功同时并进，而品性优良之人习武事，则保身远祸；性情残暴之人习武事，则惹祸招非，此一定不易之理也。昔闻有投身少林学习武事者，主僧默察其人，趾高气扬，傲慢特甚，与之语，尚豪爽，乃留诸寺中。初不教以武技，唯每日命之入山采樵，日必若干束，虽风雨霜雪，亦不能间断。不满其数，则继之以夜，稍忤意志，鞭挞立至。其人历尽折磨，唯以欲得其技，含忍待之。经三年之久，骄气消磨殆尽，主僧始授以技。此非故欲折磨之，实以其骄矜之气太重，学得武功，深恐其在外肇祸，

時。然終不能使人永久佩服。蓋力足以屈人之身。而不能人之心也。每見武術功深之人。謙恭有禮。和藹可親。縱有人辱之于通衢。擊之于廣座。彼亦能忍受。韜晦功深。不肯輕舉妄動以至人于傷害也。蓋彼功夫既精。若不如此。則舉手投足間。皆足以殺人。殺人爲喪德之事。故不爲也。惟彼略得一二手勢。粗知武功皮毛者。則粗心浮氣。揚手擲足。欲自顯其能爲。尤爲小事。甚則好勇鬥狠。動輒與人揮拳。勝亦無益。敗或殘身。且偶然之勝。亦不可終恃。結果必有勝我之人。此俗語所謂有丈一還有丈二者是也。此等舉動。實爲自殺之道。去學武之本旨遠矣。以項羽之勇。而終敗于烏江。非武功之不逮。德不及也。故德性之修養。宜與武功同時並進。而品性優良之人習武事。則保身遠禍。性情殘暴之人習武事。則惹禍招非。此一定不易之理也。昔聞有投身少林學習武事者。主僧默察其人。趾高氣揚。傲慢特甚。與之語。尚豪爽。乃留諸寺中。初不教以武技。惟每日命之入山採樵。日必若干束。雖風雨霜雪。亦不能間斷。不滿其數。則繼之以夜。稍忤意志。鞭撻立至。其人歷盡折磨。惟以欲得其技。含忍待之。經三年之久。驕氣消磨殆盡。主僧始授以技。此非故欲折磨之。實以其驕矜之氣太重。學得武功。深恐其在外肇禍。

累及少林名誉也。顾此乃他人消磨之，非自己修养也。少林十条戒约之中，亦有戒杀及好勇斗狠一条，此又可见少林武术，对于德性之修养，亦甚注意也。凡武术精深之人，于自身之修养外，对于收徒一事，亦须特加注意，务必择性情优良之人，始传以衣钵；若性情强暴者，仅可挥诸门外，宁使所学失传，不可将就。因此辈学得武艺之后，好勇斗狠，固足害人，甚且流为盗贼，杀人越货，尤足为师门之累，是不可不三注意也。既收徒之后，平日除督促其练习功夫之外，对于德性之修养，亦宜兼顾，如此熏陶，则其人将来学成必不至越礼逾分矣。

行功与治脏之关系

凡练习武术者，不论外功内功，须以凝神固气为主。欲凝神固气，又非排除一切思虑，袪除一切疾病不为功。治脏者，即调治内脏，使之整洁，而外邪无从侵入。然后更练习功夫，则神完气足，成功较易，收效较速。否则内疾不除，外邪易入，纵使日习不辍，非但不能望其有成，甚或受其贼害。故世人往往言习打坐者易成白痴，习吐纳者易成痨瘵，此皆未能先行调治内脏，不得其道，致外邪侵入，内疾增

累及少林名譽也。顧此乃他人消磨之。非自己修養也。少林十條戒約之中。亦有戒殺及好勇鬥狠一條。此又可見少林武術。對于德性之修養。亦甚注意也。凡武術精深之人。于自身之修養外。對于收徒一事。亦須特加注意。務必擇性情優良之人。始傳以衣鉢。若性情强暴者。儘可揮諸門外。寧使所學失傳。不可將就。因此輩學得武藝之後。好勇鬥狠。固足害人。甚且流爲盜賊。殺人越貨。尤足爲師門之累。是不可不三注意也。既收徒之後。平日除督促其練習功夫之外。對于德性之修養。亦宜兼顧。如此薰陶。則其人將來學成必不至越禮踰分矣。

行功與治臟之关係

凡練習武術者。不論外功内功。須以凝神固氣爲主。欲凝神固氣。又非排除一切思慮。祛除一切疾病不爲功。治臟者。即調治内臟。使之整潔。而外邪無從侵入。然後更練習功夫。則神完氣足。成功較易。收效較速。否則内疾不除。外邪易入。縱使日習不輟。非但不能望其有成。甚或受其賊害。故世人往往言習打坐者易成白癡。習吐納者易成癆瘵。此皆未能先行調治内臟。不得其道。致外邪侵入。内疾增盛，而成种种奇病，终至不可药救也。凡行功十要、十忌、十八伤等，皆为治脏法中之最要关键，练习内功者，务须牢记在心，处处留意，迨内脏既完固之后，再依法行功，始可有效。行功之时以子午各行一次为佳，以子过阳生，午过阴生，合阴阳二气而融会之，则成先天之象，神思宁静，机械不作，一切杂念，无由而生。浑然一气，成功自易。治脏之诀，只有六字，即呵嘘回呼吹嘻是也。每日静坐，叩齿咽津，念此六字，可以去腑脏百病。唯念时宜轻，耳不闻声最妙。又须一气直下，不可间断，其效如神。其六字行功歌曰：肝用嘘时目睁睛，肺宜回处手双擎，心呵顶上连叉手，肾吹抱取膝头平，脾病呼时须嘬口，三焦有热卧嘻宁。其应时候歌曰：春嘘明目木扶肝，夏日呵心火自闲，秋回定收金肺润，冬吹水旺坎宫安，三焦长官嘻除热，四季呼脾上化餐，切忌出声闻两耳，其功真胜保神丹。其赞功歌曰：嘘属肚兮外主目，赤翳昏蒙泪如哭，只因肝火上来攻，嘘而治之效最速；呵属心兮外主舌，口中干苦心烦热，量疾深浅以呵之，喉结舌疮皆消减；回属肺兮外皮毛，伤风咳嗽痰各胶，鼻中流涕兼寒热，以回治之医不劳；吹属肾兮外主耳，腰酸膝痛阳道萎，微微吐气以吹之，不用求方与药理；呼属脾兮主中土，胸膛腹胀气如鼓，四肢滞闷

盛。而成種種奇病。終至不可藥救也。凡行功十要十忌十八傷等。皆爲治臟法中之最要關鍵。練習內功者。務須牢記在心。處處留意。迨內臟既完固之後。再依法行功。始可有效。行功之時以子午各行一次爲佳。以子過陽生。午過陰生。合陰陽二氣而融會之。則成先天之象。神思寧靜。機械不作。一切雜念。無由而生。渾然一氣。成功自易。治臟之訣。祇有六字。即呵嘘呼吹嘻是也。每日靜坐，叩齒咽津。念此六字。可以去腑臟百病。惟念時宜輕。耳不聞聲最妙。又須一氣直下。不可間斷。其效如神。其六字行功歌曰。肝用嘘時目睜睛。肺宜呬處手雙擎。心呵頂上連叉手。腎吹抱取膝頭平。脾病呼時須嘬口。三焦有熱卧嘻寧。其應時候歌曰。春嘘明目木扶肝。夏日呵心火自閑。秋呬定收金肺潤。冬吹水旺坎宮安。三焦長官嘻除熱。四季呼脾上化餐。切忌出聲聞兩耳。其功真勝保神丹。其贊功歌曰。嘘屬肝兮外主目。赤翳昏蒙泪如哭。祇因肝火上來攻。嘘而治之效最速。呵屬心兮外主舌。口中幹苦心煩熱。量疾深淺以呵之。喉結舌瘡皆消滅。呬屬肺兮外皮毛。傷風咳嗽痰各膠。鼻中流涕兼寒熱。以呬治之醫不勞。吹屬腎兮外主耳。腰酸膝痛陽道萎。微微吐氣以吹之。不用求方與藥理。呼屬脾兮主中土。胸膛腹脹氣如鼓。四肢滯悶肠泻多，呼而治之复如故；嘻属三焦治壅塞，三焦通畅除积热，但须一字以嘘之，此效常行容易得。观乎上列之歌，则治脏之功，实巨。即不欲练习武功者，依法行之，亦可以却病强身。而练习内功之人，对于内脏之调理，尤须格外注意。因内府调和，则神完气足，利于行功；若内府失调，则神气涣散，外邪容易侵入，而成内疾，于行功上发生极大障碍，甚或成为各种奇病，而至不能救治。故举此法以便学习内功者，于入手之初，先行此法而理其内脏，以免除一切障碍也。

内功与呼吸

呼吸一法，在道家称为吐纳，即吐浊纳清之意也。呼吸乃弛张肺部之法。夫肺为气之府，气为力之君，言力者不离乎气。肺强者力旺，肺弱者力微，此千古不易之理也。故少林派中对于此事非常注意，且有费尽苦功，专习呼吸，而增其气力者。洪慧禅师之言曰：呼吸之功，可令气贯全身，故有鼓气于胸肋腹首等部，令人用坚木铁棍猛击而不觉其痛楚者，气之鼓注包罗故也。然欲气之鼓注包罗，而充实其体内，亦非易事，当于呼吸上下一番苦功也。唯此项法则，在北方本极重视，而

腸瀉多。呼而治之復如故。嘻屬三焦治壅塞。三焦通暢除積熱。但須一字以噓之。此效常行容易得。觀乎上列之歌。則治臟之功。實巨。即不欲練習武功者。依法行之。亦可以却病强身。而練習内功之人。對于内臟之調理。尤須格外注意。因内府調和。則神完氣足。利于行功。若内府失調。則神氣渙散。外邪容易侵入。而成内疾。于行功上發生極大障礙。甚或成爲各種奇病。而至不能救治。故舉此法以便學習内功者。于入手之初。先行此法而理其内臟。以免除一切障礙也。

内功與呼吸

呼吸一法。在道家稱無吐納。即吐濁納清之意也。呼吸乃弛張肺部之法。夫肺爲氣之府。氣爲力之君。言力者不離乎氣。肺强者力旺。肺弱者力微。此千古不易之理也。故少林派中。對于此事。非常注意。且有費盡苦功。專習呼吸。而增其氣力者。洪慧禪師之言曰。呼吸之功。可令氣貫全身。故有鼓氣于胸肋腹首等部。令人用堅木鐵棍猛擊而不覺其痛楚者。氣之鼓注包羅故也。然欲氣之鼓注包羅。而充實其體内。亦非易事。當于呼吸上下一番苦功也。惟此項法則。在北方本極重視。而南方之武术界中人，似少注意者。后以慧猛禅师，卓锡南中，设帐授徒，于是乃传呼吸之术，学者渐注意之。今南方武术，亦多重斯道矣。唯呼吸一事，在表面上视之，似极简便易行，然于时于地，皆当审择，偶不慎非但不能得其益，反足以蒙其害。此术河南、江西两省之武术界，皆视为无上妙法，以长呼短吸为不传之秘。河南派名为丹田提气术，江西派名为桶子劲，名目虽互异，而实际则无甚区别也。呼吸之练习，亦有数忌。在初入手学习之时，呼吸切须徐缓，以呼吸各四十九度而定。行时徐徐纳之，缓缓吐之，不可过猛，亦不可前后参差，第一呼吸其速度如何，则至末一次之呼吸，速度仍依旧状。其度数自四十九度起，逐渐增加，至八十一度为止。若呼吸过猛及参差等，皆为大忌，俱足妨害身体。呼吸之时地，亦极重要。晨间清气中升，洁净异常，是时呼吸，最为合宜。其地则当择空旷幽静之区，则清气多，口中吐出之浊气易于消散，吸入之气，清纯无比。若尘浊污秽之地，以及屋中，亦所切忌，以其清气少而浊气多也。呼吸之初，不妨以口吐气，将肺中恶浊驱出，但以三口至七口为度，以后概用鼻孔呼吸，方可免浊气侵入肺部之患。呼吸时又须用力一气到底，始可使肺部之张缩，以尽吐浊纳清之用，以增气力。若完全用

南方之武術界中人。似少注意者。後以慧猛禪師。卓錫南中。設帳授徒。于是乃傳呼吸之術。學者漸注意之。今南方武術。亦多重斯道矣。惟呼吸一事。在表面上視之。似極簡便易行。然于時于地。皆當審擇。偶不愼非但不能得其益。反足以蒙其害。此術河南江西兩省之武術界。皆視爲無上妙法。以長呼短吸爲不傳之秘。河南派名爲丹田提氣術。江西派名爲桶子勁。名目雖互異。而實際則無甚區別也。呼吸之練習。亦有數忌。在初入手學習之時。呼吸切須徐緩。以呼吸各四十九度而定。行時徐徐納之。緩緩吐之。不可過猛。亦不可前後參差。第一呼吸其速度如何。則至末一次之呼吸。速度仍依舊狀。其度數自四十九度起。逐漸增加。至八十一度爲止。若呼吸過猛及參差等。皆爲大忌。俱足妨害身體。呼吸之時地。亦極重要。晨間清氣中升。潔凈異常。是時呼吸。最爲合宜。其地則當擇空曠幽静之區。則清氣多。口中吐出之濁氣易于消散。吸入之氣。清純無比。若塵濁污穢之地。以及屋中。亦所切忌。以其清氣少而濁氣多也。呼吸之初。不妨以口吐氣。將肺中惡濁驅出。但以三口至七口爲度。以後概用鼻孔呼吸。方可免濁氣侵入肺部之患。呼吸時又須用力一氣到底。始可使肺部之張縮。以盡吐濁納清之用。以增氣力。若完全用鼻纳气，用口吐气，亦所当忌。呼吸之际，又宜专心一志，不可胡思乱想，心志不宁。若犯此病则气散神耗，气散于外，则所害犹小；若散于内，攻动内府，为害最烈，故思虑一事，亦宜戒忌。以上所述各端，如能加意，则功成之后，周身筋脉灵活，骨肉坚实，血气行动可以随呼吸而贯注，意之所至，气无不至；气之所至，力无不至，可谓极尽运行之妙矣。唯此等法则，虽极佳妙，收效则未能神速也。

练功之三要

练习功夫者，有三项要务，不可不知。此三项要务，即渐进、恒心、节欲是也。凡平素未曾练过功夫之人，其全身之脉络筋骨，纵不至若何呆滞，然亦决不能十分灵活，与练过武功者相较，自有天壤之别。此等人如欲练习武功，不论其为外功或内功，务须由渐而入，始可逐步练去，而使其脉络筋骨，随之而渐趋灵活。若入手之时，即遽练剧烈之术，而用力过猛，必蒙其害。轻则筋络之弛张失调，血气壅积而成各种暗伤；重则腑脏受震过度，亦足以发生损裂之患。每见少年盛气之人，学习武功，而罹残疾痨伤等症，甚至因而夭折者，世人皆归咎于武术之不良，实则非武术

鼻納氣。用口吐氣。亦所當忌。呼吸之際。又宜專心一志。不可胡思亂想。心志不寧。若犯此病則氣散神耗。氣散于外。則所害猶小。若散于內。攻動內府。爲害最烈。故思慮一事。亦宜戒忌。以上所述各端。如能加意。則功成之後。周身筋脉靈活。骨肉堅實。血氣行動。可以隨呼吸而貫注。意之所至。氣無不至。氣之所至。力無不至。可謂極盡運行之妙矣。惟此等法則。雖極佳妙。收效則未能神速也。

練功之三要

練習功夫者。有三項要務。不可不知。此三項要務。即漸進恒心節慾是也。凡平素未曾練過功夫之人。其全身之脉絡筋骨。縱不至若何呆滯。然亦决不能十分靈活。與練過武功者相較。自有天壤之別。此等人如欲練習武功。不論其爲外功或內功。務須由漸而入。始可逐步練去。而使其脉絡筋骨。隨之而漸趨靈活。若入手之時。即遽練劇烈之術。而用力過猛。必蒙其害。輕則筋絡之弛張失調。血氣壅積而成各種暗傷。重則腑臟受震過度。亦足以發生損裂之患。每見少年盛氣之人，學習武功。而罹殘疾痨傷等症。甚至因而夭折者。世人皆歸咎于武術之不良。實則非武術之咎，全因学者之不知渐进耳。吾人处世立身，无论何事，皆须有恒心，始可有成，学习武功，自亦不能例外。练功之人，既得真传之方法，与名师之指点，更当有恒心以赴之，勤敏以持之，方可有成功之望。若畏难思退见异思迁或有头无尾中途停辍，是其与不学相等。吾人如与人谈及此道，爱之者十常八九，唯能勤谨练习，始终不懈，而达成功之境者，实百不得一。是何故哉？岂武功之难，不易练成耶？非也，特学者无恒所致耳。若能有恒心，无论其所练者为外功为内功，则三年小成，十年大成，必不使人毫无所得，废然而返也。更有一事，为练功最紧要，人所不易免者，即一欲字是也。色欲之祸，固不下于洪水猛兽之为害。唯洪水猛兽，人尤知所趋避，而色欲一事，非但不知趋避，反乐就之。其中人也深，蒙害乃易。在寻常之人，亦宜以清以寡欲为摄生之要务，而在练习武功者，于此尤甚。练习内功，本欲使其精神血气，互相团结，而致强身健魄之果，色欲一事，实足以耗其精血，散其神气，而羸弱其身体者也。人身气血，既经锻炼之后，则灵活易动，倘于斯时而犯淫欲，则全部精华，势必如江河之决口，溃泛无遗，以至于不可收拾。如此而言练功，又乌足以得其益，反不如不练之为愈也。故练习内功者，必

之咎。全因學者之不知漸進耳。吾人處世立身。無論何事。皆須有恒心。始可有成。學習武功。自亦不能例外。練功之人。既得真傳之方法。與名師之指點。更當有恒心以赴之。勤敏以持之。方可有成功之望。若畏難思退。見異思遷。或有頭無尾。中途停輟。是其與不學相等。吾人如與人談及此道。愛之者十常八九。惟能勤謹練習。始終不懈。而達成功之境者。實百不得一。是何故哉。豈武功之難。不易練成耶。非也。特學者無恒所致耳。若能有恒心。無論其所練者爲外功爲內功。則三年小成。十年大成。必不使人毫無所得。廢然而返也。更有一事。爲練功最緊要。人所不易免者。即一慾字是也。色慾之禍。固不下于洪水猛獸之爲害。惟洪水猛獸。人尤知所趨避。而色慾一事。非但不知趨避。反樂就之。其中人也深。蒙害乃易。在尋常之人。亦宜以清以寡慾为攝生之要務。而在練習武功者。于此尤甚。練習內功。本欲使其精神血氣。互相團結。而致强身健魄之果。色慾一事。實足以耗其精血。散其神氣。而羸弱其身體者也。人身氣血。既經煅煉之後。則靈活易動。倘于斯時而犯淫慾。則全部精華。勢必如江河之決口。潰泛無遺。以至于不可收拾。如此而言練功。又烏足以得其益。反不如不練之爲愈也。故練習內功者。必先节欲，然后可以神完气足，精血凝固，而收行功之效也。以上所举三事，实为练习武功之最要关键，于人生有莫大之关系者。而少林门中子弟，对于此三事，皆奉为至法，不敢轻犯，此亦可见其重要矣。至于粗心浮气之流，略得皮毛，即扬手掷足，耀武扬威，对于此等关键，亦漠视之。盖非此等关键之不足重，盖彼固不足以语此也。

内功之层次

禅分三乘，内功亦分三乘。其上乘者，运化刚柔，调和神气，任意所之，无往不可。刚非纯刚，刚中有柔；柔非纯柔，柔中有刚。其静止也，则浑然一气，潜如无极；其动作也，则灵活敏捷，变化莫测，能运其一口大气，击人于百步之外，且无微不至，无坚不入。猝然临敌，随机而作，敌虽顽强，亦不能御，且受伤者不知其致伤之由，跌仆者不知其被跌之故，诚如天矫神龙，游行难测，有见首不见尾之妙，固不必运用手足，而始能制人也。此种功夫，为内功中之最高者。古之剑仙，能运气铸剑在百步内取人有如探囊取物者，即此功也。唯此等功夫，高深已极，不

先节慾。然後可以神完氣足。精血凝固。而收行功之效也。以上所舉三事。實爲練習武功之最要關鍵。于人生有莫大之關係者。而少林門中子弟。對于此三事。皆奉爲至法。不敢輕犯。此亦可見其重要矣。至于組心浮氣之流。略得皮毛。即揚手擲足。耀武揚威。對于此等關鍵。亦漠視之。蓋非此等關鍵之不足重。蓋彼固不足以語此也。

内功之層次

禪分三乘。内功亦分二乘。其上乘者。運化剛柔。調和神氣。任意所之。無往不可。剛非純剛。剛中有柔。柔非純柔。柔中有剛。其静止也。則渾然一氣。潛如無極。其動作也。則靈活敏捷。變化莫測能運其一口大氣。擊人于百步之外。且無微不至。無堅不入。猝然臨敵。隨機而作。敵雖頑强。亦不能禦。且受傷者不知其致傷之由。跌僕者不知其被跌之故。誠如天矯神龍。游行難測。有見首不見尾之妙。固不必運用手足。而始能制人也。此種功夫。爲内功中之最高者。古之劍仙。能運氣鑄劍。在百步内取人。有如探囊取物者。即此功也。惟此等功夫。高深已極。不得真传，决难练得；且运气如此，亦非一二年所可成，势非费尽苦功历尽磨折，始能如愿。其法在今日虽不能谓为完全失传，但绝无仅有，能者实不易见。至于中乘，则功夫略逊于此，然亦能刚柔互济，动静相因。神气凝结，虽不能运气以击人，亦可以神役气，以气运力，使其气能周行全身，充满内膜。气质本柔，运之成刚以御外侮，非但拳打脚踢所不能伤，即用利斧巨锤以劈击之，亦不足以损其毫发。此等功夫，少林门中，能者极多，即今日亦甚易见。此步功夫，虽不足制人，但则御侮有余矣。武术本为强身防患而练习，得此外侮不能侵，寿康亦可期，亦已足矣，更何必定求制人不法哉？此中乘功夫，虽可自习，顾其精奥之处，如不得名师指点，亦不易领悟。练习之时，最少亦须六七年，如天性鲁钝之人，或体弱多病之人，则困难尤多，更不止费此六七年也。至于下乘，则不仅不足以运气击人，即运柔成刚，用以御侮，亦感不足。但能将神气会合，运行于内府，而不能达于筋肉之内膜，其功效则在求内府调和，百病不生，强身引年，以享寿康之乐也。此步功夫，可于治脏法中求之，练习时亦极简便，但能持之以恒，即有成功之望，固不必如练习中乘、上乘之繁复也，大约两年之间，即可见效。且此一步功夫，实为内功入

得真傳。決難練得。且運氣如此。亦非一二年所可成。勢非費盡苦功歷盡磨折。始能如願。其法在今日雖不能謂爲完全失傳。但絶無僅有。能者實不易見。至于中乘。則功夫略遜于此。然亦能剛柔互濟。動靜相因。神氣凝結。雖不能運氣以擊人。亦可以神役氣。以氣運力。使其氣能周行全身。充滿内膜。氣質本柔。運之成剛。以御外侮。非但拳打脚踢所不能傷。即用利斧巨錘以劈擊之。亦不足以損其毫髮。此等功夫。少林門中。能者極多。即今日亦甚易見。此步功夫。雖不足制人。但則御侮有餘矣。武術本爲强身防患而練習。得此外侮不能侵。壽康亦可期。亦已足矣。更何必定求制人不法哉。此中乘功夫。雖可自習。顧其精奥之處。如不得名師指點。亦不易領悟。練習之時。最少亦須六七年。如天性魯鈍之人。或體弱多病之人。則困難尤多。更不止費此六七年也。至于下乘。則不僅不足以運氣擊人。即運柔成剛。用以禦侮。亦感不足。但能將神氣會合。運行于内府。而不能達于筋肉之内膜。其功效則在求内府調和。百病不生。强身引年。以享壽康之樂也。此步功夫。可于治臟法中求之。練習時亦極簡便。但能持之以恒。即有成功之望。固不必如練習中乘上乘之繁複也。大約二年之間。即可見效。且此一步功夫。實爲内功入手之初步，即欲练中乘或上乘功夫者，亦须同时注意于治脏。因内府不清，外邪袭入，即足以发生种种疾病。有病之人，欲行内功，实为不可能之事。气散神伤，决难使用，非先去其病，使其神气完固不可。此治脏之法，即廓清内府，消除疾病之极妙方法，勤谨行之，功效极大，且甚神速，故练习内功之人，宜兼治脏也。

练习内功之难关

吾人无论练习何种功夫，必有一二难关，而以内功为尤甚。难关层叠，欲一一打破之，殊非易事。外功专重实力之练习，难关易过；内功则重于以气行力，而偏于筋肉之内膜，故难关多而不易打破也。入手之初，练习罗汉拳十八法时，每感身不随身，手不应身之苦，非失之太猛，即失之太弛。然此一重难关，但能勤加练习，久后熟习，则自能身手相随，心手相印，不必盘根错节，而可以不攻自破。及至进一步而练习五拳之法，则身手之动作，固称心适意，不致再发生困难，而每易感到力至而气不至，气至而神不至，彼此失其联络，而不能互相呼应，纵外面之形式无误，在实际上，实完全无一是处。此关已较上述者较难，唯于各拳法所练之主要

手之初步。即欲練中乘或上乘功夫者。亦須同時注意于治臟。因內府不清。外邪襲入。即足以發生種種疾病。有病之人。欲行內功。實爲不可能之事。氣散神傷。決難使用。非先去其病。使其神氣完固不可。此治臟之法。即廓清內府。消除疾病之極妙方法。勤謹行之。功效極大。且甚神速。故練習內功之人。宜兼治臟也。

練習內功之難關

吾人無論練習何種功夫。必有一二難關。而以內功爲尤甚。難關層疊。欲一一打破之。殊非易事。外功專重實力之練習。難關易過。內功則重于以氣行力。而偏于筋肉之內膜。故難關多而不易打破也。入手之初。練習羅漢拳十八法時。每感身不隨手。手不應身之苦。非失之太猛。即失之地太弛。然此一重難關。但能勤加練習。久後熟習。則自能身手相隨。心手相印。不必盤根錯節。而可以不攻自破。及至進一步而練習五拳之法。則身手之動作。固稱心適意。不至再發生困難。而每易感到力至而氣不至。氣至而神不至。彼此失其連絡。而不能互相呼應。縱外面之形式無誤。在實際上。實完全無一是處。此關已較上述者較難。惟于各拳法所練之主要点，细加揣摩，应贯力者则贯力，应注气者则注气，各视其宜而行之，心志专一，久后亦易攻破。至第三步练习前部易筋经时必须气力并行，无所不至，始达化境。唯在初时，往往只能力到，而气不到，必须以意役神，以神役气，使之渐能并行。此关实至不易，非经名师指点，与自己之悉心推阐不为功。更进一步而练习后部易筋经时，其难更甚。夫气之一物，运行于内府，而能随意行至，已属不易，今乃欲注其气于筋膜脉络之间，任意流行，而无所阻核，此非难而又难之事乎？在初时自当先从内府流行入手，待气抵内府，流行活动之后，再进而练习筋膜间之贯注。此项功夫之法则，就大概言之，要不外乎以神役气，以气行力八字。然此中之奥妙，非经名师逐步指点，不能详尽，固非笔墨所能形容，所谓但能意会，不可言宣者是也。凡练习内功之人，如能打破此一重难关之后，则前面皆光明大道，更无毫厘之阻障矣。此外如打坐等事，本与二三两步功夫相并行者，亦有种种困难之处，每每有神思恍惚，意志不宁等等弊病。然此等障碍，极易消除，但在人之抑制杂念，使心中光明澄澈，无思无虑足矣。谚有云：天下无难事，只怕用心人。是可见无论如何之难事，只须用心以求之，必能望其有成也。练习内功之人，亦自如此，其中难虽

點。細加揣摩。應貫力者則貫力。應注氣者則注氣。各視其宜而行之。心志專一。久後亦易攻破。至第三步練習前部易筋經時必須氣力並行。無所不至。始達化境。惟在初時。往往祇能力到。而氣不到。必須以意役神。以神役氣。使之漸能並行。此關實至不易。非經名師指點。與自己之悉心推闡不爲功。更進一步而練習後部易筋經時。其難更甚。夫氣之一物。運行于内府。而能隨意行至。已屬不易。今乃欲注其氣于筋膜脉絡之間。任意流行。而無所阻核。此非難而又難之事乎。在初時自當先從内府流行入手。待氣地内府。流行活動之後。再進而練習筋膜間之貫注。此項功夫之法則。就大概言之。要不外乎以神役氣。以氣行力八字。然此中之奧妙。非經名師逐步指點。不能詳盡。固非筆墨所能形容。所謂但能意會。不可言宣者是也。凡練習内功之人。如能打破此一重難關之後。則前面皆光明大道。更無毫釐之阻障矣。此外如打坐等事。本與二三兩步功夫相並行者。亦有種種困難之處。每有神思恍惚。意志不寧等等弊病。然此等障礙。極易消除。但在人之抑制雜念。使心中光明澄澈。無思無慮足矣。諺有云。天下無難事。只怕用心人。是可見無論如何之難事。只須用心以求之。必能望其有成也。練習内功之人。亦自如此。其中難雖多，但能持以恒心，勤行不怠，更寻名师以指拨，则日久之后，此项难关，亦自能逐渐打破，而达登峰造极之境。若畏难而徘徊不进，或立志不坚，则难关打破，永无成功之日。世间之事，大都如此，固不仅练习内功然也。

练武功者须守戒爱国

少林门中，对于戒约一事，极为重视。凡练习武功者，必遵守戒约，如有违犯者，即逐出山门，不认少林弟子。少林之有戒约，自觉远上人始，共十条，大概皆对于道德及技术而言，深得佛门之旨，世代相沿。直至朱明鼎革，满人入主中夏，宗室遗老，愤故国之沉沦，欲图大举，相率遁入少林，有张一全者，重订戒约十条，誓共遵守。此项戒约，与觉远上人所订者，实为大异。因彼以独善其身为主，此则以致身祖国为主也。其戒约有“肄业少林技击术者，必须以恢复中国为意志，朝夕勤修，无或稍懈”；及“每日晨兴，必须至明祖前行礼叩祷，而后练习技术，至晚归寝时亦如之，不得间断”；及“少林技术中之马步，如演习时以退后三步，再前进三步，名为蹈中宫，示不忘祖国之意”；及“凡少林派之演习拳械时，先宜举手作

多。但能持以恒心。勤行不怠。更尋名師之指撥。則日久之後。此項難關。亦自能逐漸打破。而達登峰造極之境。若畏難而徘徊不進。或立志不堅。則難關打破。永無成功之日。世間之事。大都如此。固不僅練習内功然也。

練武功者須守戒愛國

少林門中。對于戒約一事。極爲重視。凡練習武功者。必遵守戒約。如有違犯者。即逐出山門。不認少林弟子。少林之有戒約。自覺遠上人始。共十條。大概皆對于道德及技術而言。深得佛門之旨。世代相沿。直至朱明鼎革。滿人入主中夏。宗室遺老。憤故國之沉淪。欲圖大舉。相率遁入少林。有張一全者。重訂戒約十條。誓共遵守。此項戒約。與覺遠上人所訂者。實爲大異。因彼以獨善其身爲主。此則以致身祖國爲主也。其戒約有「肄業少林技擊術者。必須以恢復中國爲意志。朝夕勤修。無或稍懈」及「每日晨興。必須至明祖前行禮叩禱。而後練習技術。至晚歸寢時亦如之。不得間斷」及「少林技術中之馬步。如演習時以退後三步。再前進三步。名爲蹈中宮。示不忘祖國之意。」及「凡少林派之演習拳械時。先宜舉手作礼，唯与他家异者，他家则左掌右拳，拱手齐眉；吾宗则两手作虎爪式，以手背相靠，平与胸齐，用示反背胡族，心在中国。”观乎以上诸条，则其灭清复明之旨，已显然可知。故少林派之在清初，已具有种族革命之精神，故上述之数条戒约，皆指国家立言也。至于指练武者个人而言者，则有“凡属少林宗派，宜至诚亲爱，如兄弟手足之互助救助，互相砥砺。违此者即以反教论”；及“如在游行时，遇有必相较量者，先举手作上式之礼。倘系同派，必相和好，若系外派，既不如此。则相机而动，量其技术之深浅，以作身躯之防护，非到万不得已时，不可轻击其要害”；及“传授门徒，宜慎重选择。如确系朴厚忠义之士，始可以技术相传。唯自己平生得力之专门手法，非相习久而知之深者，不可轻以相授。至吾宗之主旨，更宜择人而语。切勿忽视”；及“恢复山河之志，为吾宗第一目的。一息尚存，此志不容稍懈。倘不知此者，是谓少林外家”；及“济危扶倾，忍辱度世，吾宗既皈依佛门，自当以慈悲为主，不可有逞强凌弱之举”；及“尊师重道，敬长爱友，除贪袪妄，戒淫忌狠，有于此而不遵守者，当与众共伐之。”统观以上所述各条戒约，于国于己，皆有关切，故少林武术之至于清代，实不仅以明心见性为主旨，而锻炼体魄，

禮。惟與他家異者。他家則左掌右拳。拱手齊眉。吾宗則兩手作虎爪式。以手背相靠。平與胸齊。用示反背胡族。心在中國」觀乎以上諸條。則其滅清復明之旨。以顯然可知。故少林派之在清初。已具有種族革命之精神。故上述之數條戒約。皆指國家立言也。至于指練武者個人而言者。則有「凡屬少林宗派。宜至誠親愛。如兄弟手足之互助救助。互相砥礪。違此者即以反教論。」及「如在遊行時。遇有必相較量者。先舉手作上式之禮。倘係同派。必相和好。若係外派。既不如此。則相機而動。量其技術之深淺。以作身軀之防護。非到萬不得已時。不可輕擊其要害。」及「傳授門徒。宜慎重選擇。如確係樸厚忠義之士。始可以技術相傳。惟自己平生得力之專門手法。非相習久而知之深者。不可輕于相授。至吾宗之主旨。更宜擇人而語。切勿忽視。」及「恢復山河之志。爲吾宗第一目的。一息尚存。此志不容稍懈。倘不知此者。是謂少林外家。」及「濟危扶傾。忍辱度世。吾宗既皈依佛門。自當以慈悲爲主。不可有逞强凌弱之舉。」及「尊師重道。敬長愛友。除貪祛妄。戒淫忌狠。有于此而不遵守者。當與衆共伐之。」統觀以上所述各條戒約。于國于己。皆有關切。故少林武術之至于清代。實不僅以明心見性爲主旨。而煅煉體魄。

学得技术，实有驱胡漠北，扫穴黎庭之意也。凡少林门中子弟，对于十条戒约，概须遵守；若敢不遵，轻则挥诸门外，重则加以挞伐，故传流至今。不学少林技术则已，如学少林技术，于此守戒一事，犹视为唯一要务也。

练功必求名师

学习武功，与学习文事，颇有不同之处。学文者但能识字，即可于书本中求其奥妙，而达于通晓之境。自己用功，即可登堂入室，固不必定须师傅之耳提面命也。练习武功则不然，纵能得其门径及各种动作，唯其精奥之处，则殊难探得，非经名师之指点，实无从领悟也。故武术界对于师傅之尊重，其原因即在于此。拳法外功，已是如此，而内功一法，则为尤甚。盖外功拳法，尚为浅显之事，虽门外之人，不能自悟，但一经说明，定能恍然。唯内壮功夫，其理极深，且隐晦异常，非但门外之人，不能自探其奥妙之所在，即经师傅指点，如自己之功夫未到者，亦不易了解。故内功对于师傅，更为重要，且须自入手时起，至成功而止，在此时期之中，不能一日脱离师傅。盖师傅之指点，亦须由渐而入，逐步做去，亦非能于短期

學得技術。實有驅胡漠北。掃穴黎庭之意也。凡少林門中子弟。對于十條戒約。概須遵守。若敢不遵。輕則揮諸門外。重則加以撻伐。故傳流至今。不學少林技術則已。如學少林技術。于此守戒一事。猶視爲唯一要務也。

練功必求名師

學習武功。與學習文事。頗有不同之處。學文者但能識字。即可于書本中求其奧妙。而達于通曉之境。自己用功。即可登堂入室。固不必定須師傅之耳提面命也。練習武功則不然。縱能得其門徑。及各種動作。惟其精奧之處。則殊難探得。非經名師之指點。實無從領悟也。故武術界對于師傅之尊重。其原因即在于此。拳法外功。已是如此。而內功一法。則爲尤甚。蓋外功拳法。尚爲淺顯之事。雖門外之人。不能自悟。但一經説明。定能恍然。惟內壯功夫。其理極深。且隱晦異常。非但門外之人。不能自探其奧妙之所在。即經師傅指點。如自己之功夫未到者。亦不易了解。故內功對于師傅。更爲重要。且須自入手時起。至成功而止。在此時期之中。不能一日脱離師傅。蓋師傅之指點。亦須由漸而入。逐步做去。亦非能于短期间内，倾筐倒箧以出之者。我国之武术界，向分南北二派，试一究其情形，则北派之盛于南派，自不待言，而推源其故，北方人对于师傅之尊重，实有以致之。北方之人，求得名师，或致之家中，或随侍其人，必至功程圆满，始与相离。自始至终，往往历十余年之久而以息，自可尽传其技，尽得其秘，而造大成矣。且北人往往于技成之后，游历四方，作寻师访友之举。闻有名师，不远千里而寻求之，以冀得其真诀。竟有终身从十余师者，良以各家各有专长，非如此不能寻得也。南派中则疏于此，且盛行设厂之制，以极短之时间，而教人以些少应用之手法，敷衍了事，即以言功，亦不过插沙、打鞍等等死手，殊无足取。然以予所见，求师实为最要之事，如从师不良，则贻误终身。故求先师必求名师，始能详细指拨，而收探骊得珠之效。此事实一极难之事，盖世间名师固不甚多也。老人云：效法乎上，仅得乎中。于茫茫人海中，欲求一术臻上乘而堪为我师者，岂易易哉？外功拳脚之术，能者尚多，求之尚易；若内功则精奥深邃，非常人能窥其门径，而能者极鲜。欲求此项名师，诚难而又难矣。唯因此项精奥深邃之故，更不容不有名师之指点解释。非然者，但于书本中研求之，虽可得其皮毛，决难得其精髓，且运气错误，实多危

間內。傾筐倒篋以出之者。我國之武術界。向分南北二派。試一究其情形。則北派之盛于南派。自不待言。而推原其故。北方人對于師傅之尊重。實有以致之。北方之人。求得名師。或致之家中。或隨侍其人。必至功程圓滿。始與相離。自始至終。往往歷十餘年之久而以怠。自可盡傳其技。盡得其秘。而造大成矣。且北人往往于技成之後。遊歷四方。作尋師訪友之舉。聞有名師。不遠千里而尋求之。以冀得其真訣。竟有終身從十餘師者。良以各家各有專長。非如此不能尋得也。南派中則疏于此。且盛行設廠之制。以極短之時間。而教人以些少應用之手法。敷衍了事。即以言功。亦不過揷沙打鞍等等死手。殊無足取。然以予所見。求師實爲最要之事。如從師不良。則殆誤終身。故求先師必求名師。始能詳細指撥。而收探驪得珠之效。此事實一極難之事。蓋世間名師固不甚多也。老人云。效法乎上。僅得乎中。于茫茫人海中。欲求一術臻上乘。而堪爲我師者。豈易易哉。外功拳脚之術。能者尚多。求之尚易。若內功則精奥深邃。非常人能窺其門徑。而能者極鮮。欲求此項名師。誠難而又難矣。惟因此項精奥深邃之故。更不容不有名師之指點解釋。非然者。但于書本中研求之。雖可得其皮毛。決難得其精髓。且運氣錯誤。實多危害，非若外功拳脚等法，简便易学，可于书本中求得其实用也。故练习少林内功者，于精勤修养之外，更须注意于师傅之人选，然后始可循序而进，克臻大成也。

内功与打坐之关系

打坐一事，无论道家释家，皆视为极重要之法则，在道家为内观，炼胎息长生之道；在释家为禅定，修明心见性之功，虽志趣之不同，实异源而同果。打坐者，实从静中以求自然之机者也。儒家亦曾云："静而后能定，定而后能安。"此可见"静"之一字，其功之妙矣。练习内功之人，本与外功相反，外功皆从动字上做功夫，内功自当于静字上悟妙旨，此所谓以柔克刚，以静制动者是也。夫吾人生于今世，事物纷繁，情感杂沓，声色攻于外，憎爱萦于中，自然之机，渐被蒙蔽，而至于消灭。在此时而欲其摒七情、远六欲，举一切贪嗔痴爱之事而绝之，返本还原，使四大皆空，三相并忘，六根清净，此非难而又难之事乎？若非苦行修持，曷克臻此。打坐者，即忘机之妙法也，故道家、释家皆重视之，而练习内功者，尤当于此入手。内功之主要关键，固在于凝神、敛气、固精三事。若心如明镜，一尘不染，一念不生，一念

害。非若外功拳脚等法。簡便易學。可于書本中求得其實用也。故練習少林內功者。于精勤修養之外。更須注意于師傅之人選。然後始可循序而進。克臻大成也。

內功與打坐之關系

打坐一事。無論道家釋家。皆視爲極重要之法則。在道家爲內觀。煉胎息長生之道。在釋家爲禪定。修明心見性之功。雖志趙之不同。實異源而同果。打坐者。實從靜中以求自然之機者也。儒家亦曾云。靜而後能定。定而後能安。此可見靜之一字。其功之妙矣。練習內功之人。本與外功相反。外功皆從動字上做功夫。內功自當于靜字上悟妙旨。此所謂以柔克剛。以靜制動者是也。夫吾人生于今世。事物紛繁。情感雜沓。聲色攻於外。憎愛縈於中。自然之機。漸被蒙蔽。而至於消滅。在此時而欲其摒七情。远六慾。舉一切貪嗔癡愛之事而絕之。返本還原。使四大皆空。三相並忘。六根清淨。此非難而又難之事乎。若非苦行修持。曷克臻此。打坐者。即忘機之妙法也。故道家釋家皆重視之。而練習內功者。尤當于此入手。內功之主要關鍵。固在于凝神斂氣固精三事。若心如明鏡。一塵不染。一念不生。一念不灭，则神自凝，气自敛，精自固。若心中杂念纷投，憎爱起灭，则神耗、气散、精败矣。于此而欲收摄，非借力于坐忘，不可得也。且内功者，固以柔制刚之法也。以安详之态度而克敌人之暴动，是欲得其安，必先能定；欲得其定，必先能静；欲得其静，更非坐忘不为功。由此观之，则打坐一法在内功中，所占地位之重要，固不待智者而知之矣。唯吾人处身尘俗，欲其忘怀一切，本非易易，故在入手打坐之初，其意念必不能立刻即达静止之境，犹不免有纷扰之虞，然必设法以驱除妄念，使心境明澈，达于止境而后可。其法唯何，即自观而已。昔人谓打坐之人，必具三观。三观者，即眼观鼻，鼻观口，口观心是也。在打坐之时，必集吾人之意于此三观，然后杂念可渐远矣。予谓不必定念三观，即默念阿弥陀佛，或数一二三四等，皆无不可。盖所以要如此之故，欲其意志专一，不生杂念也。非必一定三观，或三观于此，具何法力也，此不过初入手时之一种方法。及至心意渐坚，杂念自然远去，而达于自然之境。功夫既深之后，非但杂念无由而生，即我自己之躯体，亦置之意外，而至物我俱忘之境，则静止极矣。功行至此，则利欲不足以动其心，荣辱不足以扰其志，心地明澈，泰然自适矣。故练习内功者，必先从坐忘入手，尽求其

不滅。則神自凝。氣自斂。精自固。若心中雜念紛投。憎愛起滅。則神耗氣散精敗矣。于此而欲收攝。非借力于坐忘。不可得也。且内功者。固以柔制剛之法也。以安詳之態度而克敵人之暴動。是欲得其安。必先能定。欲得其定。必先能靜。欲得其靜。更非坐忘不爲功。由此觀之。則打坐一法在内功中。所占地位之重要。固不待智者而知之矣。惟吾人處身塵俗。欲其忘懷一切。本非易易。故在入手打坐之初。其意念必不能立刻即達靜止之境。猶不免有紛擾之虞。然必設法以驅除妄念。使心境明澈。達于止境而後可。其法唯何。即自觀而已。昔人謂打坐之人。必具三觀。三觀者。即眼觀鼻。鼻觀口。口觀心是也。在打坐之時。必集吾人之意於此三觀。然後雜念可漸遠矣。予謂不必定念三觀。即默念阿彌陀佛。或數一二三四等。皆無不可。蓋所以要如此之故。欲其意志專一。不生雜念也。非必一定三觀。或三觀於此。具何法力也。此不過初入手時之一種方法。及至心意漸堅。雜念自然遠去。而達于自然之境。功夫既深之後。非但雜念無由而生。即我自己之軀殼。亦置之意外。而至物我俱忘之境。則靜止極矣。功行至此。則利慾不足以動其心。榮辱不足以擾其志。心地明澈。泰然自適矣。故練習内功者。必先從坐忘入手。盡求其静，复于静中求动，是为真动。强身健魄，行气如虹，纵不能白日飞升，亦无殊陆地神仙矣。

打坐之法则

打坐一事，以静为贵。能辟静室，设禅床最佳。禅床之形式，略如一极大之方凳，约二尺半见方，皆以木板制成，务须坚固。如无余屋为静室，即于卧榻上行之，亦无不可，唯以板铺为佳。以棕藤等垫，皆有弹力，坐时不免歪斜倾侧之病，故宜用木板。每日于早晚各坐片时，时不在乎过久，缓缓垫加，易收实效。坐时勿着相，勿管呼吸，一任其自然。脊柱宜正，口宜闭，牙关宜咬，舌宜舐住上颚，两手轻握，置丹田之下。坐有单盘双盘之分。单盘者，即以一腿盘于下，而以另一腿盘置其上，法较简单易行。双盘者，即依单盘之式，将盘手下面之脚扳起，置于上面膝头之上，使两足之心，皆向上面，而两腿则交叉绾成一结，此则较单盘为难。手之位置亦有两种，以左大指轻捏中指，而右大指插入左虎口内，以右大指、食指轻捏左无名指根者，称为太极图；而两掌皆仰，重叠而置者，则为三昧印。凝神趺坐，先

静。復于静中求動。是爲真動。强身健魄。行氣如虹。縱不能白日飛升。亦無殊陸地神仙矣。

打坐之法則

打坐一事。以静爲貴。能辟静室。設禪床最佳。禪床之形式。略如一極大之方櫈。約二尺半見方。皆以木板制成。務須堅固。如無餘屋爲静室。即于卧榻上行之。亦無不可。惟以板鋪爲佳。以棕籐等墊。皆有彈力。坐時不免歪斜傾側之病。故宜用木板。每日于早晚各坐片時。時不在乎過久。緩緩墊加。易收實效。坐時勿着相。勿管呼吸。一任其自然。脊柱宜正。口宜閉。牙關宜咬。舌宜舐住上齶。兩手輕握。置丹田之下。坐有單盤雙盤之分。單盤者。即以一腿盤于下。而以另一腿盤置其上。法較簡單易行。雙盤者。即依單盤之式。將盤手下面之脚扳起。置于上面膝頭之上。使兩足之心。皆向上面。而兩腿則交叉綰成一結。此則較單盤爲難。手之位置亦有二種。以左大指輕捏中指。而右大指插入左虎口内。以右大指食指輕捏左無名指根者。稱爲太極圖。而兩掌皆仰。重叠而置者。則爲三昧印。凝神趺坐。先自口中吐出浊气一口，再自鼻中吸入清气，以补丹田呼出之气。呼时稍快，吸时稍慢，呼须呼尽。如此三呼三吸之后，内府之浊气，完全吐出净尽，然后再正式行功。在初入手时，必有杂念萦心，而易祛除，则宜念南无阿弥陀佛，或数数目，以自镇定其神患。久后功夫既深，则心境自然明澈，不复须如此矣。坐时宜清神寡欲，收敛身心。早起因晚间静定，是为静中之动；晚间行功，因白日劳动而习定静，是为动中之静。如此操持，是为动静有常，阴阳相生。佛家坐禅，皆用双盘之法。全身筋络，得以紧张，身体容易正直，而收效较宏也。坐时有数要，不可不知：一为存想，即存欲静坐之念，而冥心屏息也；二为盘足，即依坐法，盘足趺坐也；三为交手，以两手交置，护于丹田也；四为搭桥，即以舌舐颚，使之生津也；五为垂帘，即下覆其睫，稍留缝隙也；六为守丹田，即意存于丹田，而不即不离也；七为调息，即调和其气息，使之绵绵不绝也。知此七要，而打坐之法尽矣。此外坐法犹有所谓五心朝天者，实系道门中之坐法；而观音坐、金刚坐等法，则为禅门中之别法。随人之性情而变，吾爱何种坐法，即坐何式，固不必拘拘于定见也，唯终以双盘坐法为正宗。坐之时间，以一炊时起手，以后逐渐增加，直至半个时辰

自口中吐出濁氣一口。再自鼻中吸入清氣。以補丹田呼出之氣。呼時稍快。吸時稍慢。呼須呼盡。如此三呼三吸之後。內府之濁氣。完全吐出净盡。然後再正式行功。在初入手時。必有雜念縈心。而易祛除。則宜念南無阿彌陀佛。或數數目。以自鎮定其神患。久後功夫既深。則心境自然明澈。不復須如此矣。坐時宜清神寡慾。收斂身心。早起因晚間静定。是爲静中之動。晚間行功。因白日勞動而習定静。是爲動中之静。如此操持。是爲動静有常。陰陽相生。佛家坐禪。皆用雙盤之法。全身筋絡。得以緊張。身體容易正直。而收效較宏也。坐時有數要。不可不知。一爲存想。即存慾静坐之念。而冥心摒息也。二爲盤足。即依坐法。盤足趺坐也。三爲交手。以兩手交置。護于丹田也。四爲搭橋。即以舌舐顎。使之生津也。五爲垂簾。即下覆其睫。稍留縫隙也。六爲守丹田。即意存于丹田。而不即不離也。七爲調息。即調和其氣息。使之綿綿不絕也。知此七要。而打坐之法盡矣。此外坐法猶有所謂五心朝天者。實係道門中之坐法。而觀音坐。金剛坐等法。則爲禪門中之别法。隨人之性情而變。吾愛何種坐法。即坐何式。固不爲拘拘于定見也。惟終以雙盤坐法爲正宗。坐之時間。以一炊時起手。以後逐漸增加。直至半個時辰以上为止。能坐至如此长久，则心境澄澈，一切杂念，无由而生，一切邪魔，无由而入，则明心见性，可归正觉矣。

少林内功之五拳

少林内功，约可分为三步练法。在入手之初，宜先练五拳。所谓五拳者，即龙、虎、豹、蛇、鹤五法也。自梁代达摩禅师传先天罗汉拳十八手以后，直至金元时白玉峰披薙入山，整理少林技术，加以研究。由十八手而增至一百二十八手，于此一百二十八手法中，更分为龙、虎、豹、蛇、鹤五拳。白氏之意，谓人之一身，精、力、气、骨、神，皆须加以锻炼，使互相为用，始克臻上乘。盖精不练不固，力不练不强，气不练不聚，骨不练不坚，神不练不凝也。五拳者，即可以练精、力、气、骨、神之法也。故创此五式，使内外并修，而达于化境也。龙拳练神。练习之时，毋须使用外力，唯须暗中役气，使注丹田，而周身活泼，两臂则沉静不动，使手心足心与方寸相印，此所谓五心相印者是也。如此练去，功成之时，竟如神龙行空，灵活自在矣。虎拳练骨。骨之在于躯干，所占之位置极重。骨若不坚，则气力自无所施，故必用虎拳以练之。练时须运

以上爲止。能坐至如此長久。則心境澄澈。一切雜念。無由而生。一切邪魔。無由而入。則明心見性。可歸正覺矣。

少林内功之五拳

少林内功。約可分爲三步練法。在入手之初。宜先練五拳。所謂五拳者。即龍虎豹蛇鶴五法也。自梁代達摩禪師傳先天羅漢拳十八手以後。直至金元時白玉峰披薙入山。整理少林技術。加以研究。由十八手而增至二百二十八手。于此一百二十八手法中。更分爲龍虎豹蛇鶴五拳。白氏之意。謂人之一身。精力氣骨神。皆須加以鍛煉。使互相爲用。始克臻上乘。蓋精不練不固。力不練不强。氣不練不聚。骨不練不堅。神不練不凝也。五拳者。即可以練精力氣神骨神之法也。故創此五式。使内外並修。而達于化境也。龍拳練神。練習之時。毋須使用外力。惟須暗中役氣。使注丹田。而周身活潑。兩臂則沉静不動使手心足心與方寸相印。此所謂五心相印者是也。如此練去。功成之時。竟如神龍行空。靈活自在矣。虎拳練骨。骨之在于軀幹。所占之位置極重。骨若不堅。則氣力自無所施。故必用虎拳以練之。練時須運足全身之气，使腰背坚实，臂腿牢壮，腋力充沛，起落有势，怒目强项，两手作虎爪之状，有如猛虎出山之势。豹拳练力。豹之为物，其身体之雄伟与形状之威武，皆不及虎，而力则过之，且腰肾坚强于虎，故善于跳跃。以之练力，最为合宜。练习豹式，务宜两手紧握，五指如铁爪钢钩，全身宜用短马为起落，而鼓其力于全身。此等法则又名为白豹拳，以形似也。蛇拳练气。蛇之为物，游行夭矫，节节灵涌。人身之气，亦贵于吞吐抑扬，以沉静柔实为主，其未着物也，若甚无力；及其着物，则气之收敛，胜于勇夫。练蛇拳者，正所以使其气有如长蛇之游行，而节节灵通也。练此拳时，宜柔身而出，臂活腰灵，两指相骈，起落而推按之，以似蛇口之舌。且屈折回环，有行乎不得不行，止乎不得不止之意，练刚为柔，所谓行气如虹者，即此是矣。鹤拳练精。鹤之为物，虽属羽禽，顾其精足神完，而克享大年。人身最重要之物，亦厥唯精神，故宜用鹤拳以练其精。练此拳时，宜缓急得中，凝精铸神，舒臂运气，所谓神气相合，心手相印者是也。上述五拳，如能练至精纯之境，则精固、力强、气聚、骨坚、神凝。五者相合，互相融化，为用之妙，不可尽言；倘以制人，则一举手一投足之间，纵顽强之敌亦可折服，且出之轻描淡写，而

足全身之氣。使腰背堅實。臂腿牢壯。腋力充沛。起落有勢。怒目强項。兩手作虎爪之狀。有如猛虎出山之勢。豹拳練力。豹之爲物。其身體之雄偉。與形狀之威武。皆不及虎。而力則過之。且腰腎堅强于虎。故善于跳躍。以之練力。最爲合宜。練習豹式。務宜兩手緊握。五指如鐵爪鋼鈎。全身宜用短馬爲起落。而鼓其力于全身。此等法則又名爲白豹拳。以形似也。蛇拳練氣。蛇之爲物。游行夭矯。節節靈涌。人身之氣。亦貴于吞吐抑揚。以沉静柔實爲主。其未着物也。若甚無力。及其着物。則氣之收斂。勝于勇夫。練蛇拳者。正所以使其氣有如長蛇之游行。而節節靈通也。練此拳時。宜柔身而出。臂活腰靈。兩指相駢。起落而推按之。以似蛇口之舌。且屈折迴環。有行乎不得不行。止乎不得不止之意。練剛爲柔。所謂行氣如虹者。即此是矣。鶴拳練精。鶴之爲物。雖屬羽禽。顧其精足神完。而克享大年。人身最重要之物。亦厥惟精神。故宜用鶴拳以練其精。練此拳時。宜緩急得中。凝精鑄神。舒臂運氣。所謂神氣相合。心手相印者是也。上述五拳。如能練至精純之境。則精固力强氣聚骨堅神凝。五者相合。互相融化。爲用之妙。不可盡言。倘以制人。則一舉手一投足之間。縱頑强之敵亦可折服。且出之輕描淡寫。而并不须穷形尽相也。其中妙旨，可以心领而不可言传，全在学者下功苦练，用心推阐也。

五拳之练习法

五拳为龙、虎、豹、蛇、鹤五形，前已详论之矣。唯其练习之法，犹未述及，今且分节言之。每一种拳法形状，内中又分为数小节，如虎拳中则有黑虎试爪及黑虎坐洞等各种形式；而鹤拳则有白鹤亮翅、野鹤寻食等式，固不仅五种成法也。兹将各法分述于后，以便学习也。

並不須窮形盡相也。其中妙旨。可以心　　不可言傳。全在學者下功苦練。用心推闡也。

五拳之練習法

五拳爲龍虎豹蛇鶴五形。前已詳論之矣。惟其練習之法。猶未述及。今且分節言之。每一種拳法形狀。內中又分爲數小節。如虎拳中則有黑虎試爪。及黑虎坐洞等各種形式。而鶴拳則有白鶴亮翅。野鶴尋食等式。固不僅五種成法也。茲將各法分述于後。以便學習也。

虎 拳

一、黑虎试爪

两足分开，屈两膝而沉上身，踏成马步；右手置腰际，掌心向下，用力下按，左手则向右方推出；上身亦随之向右旋转，至右斜前方为度；头与身之方向同，突目前视，式如左图。略停片时，更依前法向左行之，图不附（第一图）。

二、虎掌爬风

两足分开，如上式作马步；左手作虎爪状，自右下提起，手掌向外，运指力向左拉引；同时，右手从右侧平臂举起，反掌向上，至齐肩时则折肱向内，指作虎爪形如抓物带回之状；身向正前方，头偏于右，目突视右手，式如左图。略停片时，更如法向左行之（第二图）。

虎拳

（第一圖）黑虎試爪

虎拳

（第二圖）虎掌爬風

虎拳

一、黑虎試爪

兩足分開。屈兩膝而沉上身。踏成馬步。右手置腰際。掌心向下。用力下按。左手則向右方推出。上身亦隨之向右旋轉。至右斜前方爲度。頭與身之方向同。突目前視。式如上圖。略停片時。更依前法向左行之。圖不附。

二、虎掌爬風

兩足分開。如上式作馬步。左手作虎爪狀。自右下提起。手掌向外。運指力向左拉引。同時右手從右側平臂舉起。反掌向上。至齊肩時則折肱向內。指作虎爪形如抓物帶回之狀。身向正前方。頭偏于右。目突視右手。式如上圖。略停片時。更如法向左行之。

三、饿虎寻羊

左足向右方踏进一步；同时，全身转向右方，两臂从旁竖起，掌心向前，至平肩时，则向前缓缓压下，作虎爪扑物状，落至齐腰，则屈肘运指力向后拉引；同时，上身即向前探出，手拉至胁间为度，式如右图。如此三探三退而止（第三图）。

四、黑虎坐洞

先两足分开作马步，左手由前下方拗起，作抓物上提之状，至头上而止；右手则从左腰处提起，向右方拉开，作撕物之状，至右乳前为度；臀部下挫，上身略后仰，头偏右方，式如右图。略停更如法向左行一次（第四图）。

虎拳

（第三圖）餓虎尋羊

虎拳

（第四圖）黑虎坐洞

三、餓虎尋羊

左足向右方踏進一步。同時全身轉向右方。兩臂從旁豎起。掌心向前。至平肩時。則向前緩緩壓下。作虎爪撲物狀。落至齊腰。則屈肘運指力向後拉引。同時上身即向前探出。手拉至脅間爲度。式如上圖。如此三探三退而止。

四、黑虎坐洞

先兩足分開作馬步。左手由前下方拗起。作抓物上提之狀。至頭上而止。右手則從左腰處提起。向右方拉開。作撕物之狀。至右乳前爲度。臀部下挫。上身略後仰。頭偏右方。式如上圖。略停更如法向左行一次。

五、猛虎伸腰

先分开两足作马步，两手同时向右肩上一扬，左手即从额前抄过，向左拉开，至左肩外而止；右手即从旁侧拉回，至胸前为度；在两手拉回之时，右足挺直，上身向左移挫，头偏右，目上视，式如左图。略停更如法向左行一次（第五图）。

六、白虎推山

先将左足踏右一步成弓箭式，两手从前提起至肩前，同时向前探出；再将两手用力缓缓向前推去，上身乘势挺直，臂直为度，全身向右，目视指尖，式如左图。如此三推三退而止（第六图）。

虎拳

（第五圖）猛虎伸腰

虎拳

（第六圖）白虎推山

三四

五、猛虎伸腰

先分開兩足作馬步。兩手同時向右肩上一揚。左手即從額前抄過。向左拉開。至左肩外而止。右手即從旁側拉迴。至胸前爲度。在兩手拉迴之時。右足挺直。上身向左移挫。頭偏右。目上視。式如上圖。略停更如法向左行一次。

六、白虎推山

先將左足踏右一步成弓箭式。兩手從前提起至肩前。同時向前探出。再將兩手用力緩緩向前推去。上身乘勢挺直。臂直爲度。全身向右。目視指尖。式如上圖。如此三推三退而止。

豹　拳

一、金豹定身

两足并立，向右旋转，全身旋至右斜方为度；两手握拳，务须极紧，在旋身之时，运力缓缓屈肘提起，至齐腰而止，掌心向下，拳口贴腰；头则微昂，目向上视，式如右图。略停回复原位之后，更如法向左方行一次（第一图）。

二、地盆撕折

先将两手交叉于腹前，左外右内，成斜十字形；两脚分开踏成马步，两臂即于此时向前翻起至胸下脐上处，掌心已向前面，即将两手用力向旁分开，有如抓住一物，欲加以撕裂之状，左手在脐前，右手在胸前，身向正前方，式如右图。略停将两手更换，反行一次（第二图）。

豹拳

(第一圖)金豹定身

豹拳

(第二圖)地盆撕折

豹拳

一、金豹定身

兩足并立。向右旋轉。全身旋至右斜方爲度。兩手握拳。務須極緊。在旋身之時。運力緩緩屈肘提起。至齊腰而止。掌心向下。拳口貼腰。頭則微昂。目向上視。式如上圖。略停迴復原位之後。更如法向左方行一次。

二、地盆撕折

先將兩手交叉于腹前。左外右內。成斜十字形。兩脚分開踏成馬步。兩臂即于此時向前翻起至胸下臍上處。掌心已向前面。即將兩手用力向旁分開。有如抓住一物。欲加以撕裂之狀。左手在臍前。右手在胸前。身向正前方。式如上圖。略停將兩手更換。反行一次。

三、豹子穿崖

先将右足向右踏出一步，上身亦随向右方，成为右面之右弓左箭步；同时，右手握拳，从下提起护腰，掌心向上，拳口向外；而左手亦紧紧握拳，折腕使掌心向前，然后屈肘将拳向上超起，至平肩为度；上身略向前倾，目突视左拳，此时左拳之掌心已向内矣，式如左图。略停回复原位之后，更如法向左方行一次（第三图）。

四、豹子弄球

先将右脚向右踏出一步，全身亦向右旋，足成右弓左箭步；同时，左手揸开五指，伸至前面，反掌向外，伸直后即用力向内拉回，手亦握拳，至左胁旁为度；同时，将右手揸开五指，伸至侧面，掌心向后，缓缓拢指压下，至腰外时，即握拳向前上拗起，如握住一物，向前折举之状，目视右拳，式如左图。略停复原位后，更如法向左行一次（第四图）。

豹拳

（第三圖）豹子穿崖

豹拳

（第四圖）豹子弄球

三、豹子穿崖

先將右足向右踏出一步。上身亦隨向右方。成爲右面之右弓左箭步。同時右手握拳。從下提起護腰。掌心向上。拳口向外。而左手亦緊緊握拳。折腕使掌心向前。然後屈肘將拳向上超起。至平肩爲度。上身略向前傾。目突視左拳。此時左拳之掌心已向內矣。式如上圖。略停廻復原位之後。更如法向左方行一次。

四、豹子弄球

先將右脚向右踏出一步。全身亦向右旋。足成右弓左箭步。同時左手楂開五指。伸至前面。反掌向外。伸直後即用力向內拉廻。手亦握拳。至左脅旁爲度。同時將右手楂開五指。伸至側面。掌心向後。緩緩攏指壓下。至腰外時。即握拳向前上拗起。如握住一物。向前折舉之狀。目視右拳。式如上圖。略停復原位後。更如法向左行一次。

五、金豹朝天

先将右脚向右踏出一步，上身随之旋转，踏成右弓左箭步；两臂同时向后张开，两手则掌心向外，用力向后揸去，至极度时，再握拳折腕，使掌心向内，用力向上冲起，拳肱相接，拳平于顶；头略昂，目视双拳，式如右图。略停，回复原位后，更如法向左方行一次（第五图）。

六、金豹直拳

先将右脚踏右一步，成为右弓左箭步，全身皆向正右方；在旋身之际，两手握拳，两臂从旁举起，平肩为度，掌心向前，虎口向上，至此乃将右拳向内拢入，至直举前方为度，而左拳亦折肘向右肩处拢入，至肩尖为度，式如右图。略停，回复原位后，更如法向左行一次（第六图）。

豹拳

（第五圖）金豹朝天

豹拳

（第六圖）金豹直拳

五、金豹朝天

先將右脚向右踏出一步。上身隨之旋轉。踏成右弓左箭步。兩臂同時向後張開。兩手則掌心向外。力向後楂去。至極度時。再握拳折腕。使掌心向內。用力向上衝起。拳肱相接。拳平于頂。頭略昂。目視雙拳。式如上圖。略停復原位後。更如法向左方行一次。

六、金豹直拳

先將右脚踏右一步。成爲右弓左箭步。全身皆向正右方。在旋身之際。兩手握拳。兩臂從旁舉起。平肩爲度。掌心向前。虎口向上。至此乃將右拳向內攏入。至直舉前方爲度。而左拳亦折肘向右肩處攏入。至肩尖爲度。式如上圖。略停復原位後。更如法向左行一次。

龙　拳

一、双龙掉尾

先将两脚分开，上身下坐，使成骑马式；在上身下沉之际，两手在下合掌，向上折肘举起，置于当胸，作和南之状，然后分开手掌，缓缓向两旁推出，至两臂平直为度。此法力须停于掌根而贯于指端。身向正前，头略偏右，式如左图。略停将手落下，更续行一次，动作同，唯头部向左耳（第一图）。

二、金龙献爪

先将两足分开，如上式成骑马步；两臂即从左右屈肘举起，使肱臂与头，成一山字形，手掌向前，略一停顿之后，即用力屈指，作龙爪状，同时将肱向前压下，手至肩前时，再略一停顿，即将两大臂搿紧，而将两手及肱向后反张，至两肩尖外为度；身首各部，皆向正前，式如左图。如此三举三落而止（第二图）。

龍拳

（第一圖）雙龍掉尾

龍拳

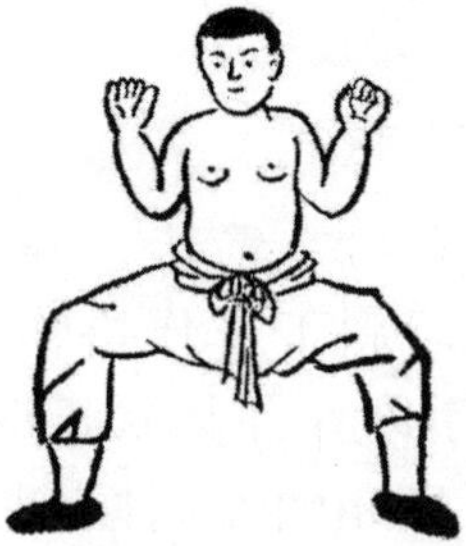

（第二圖）金龍獻爪

龍拳

一、雙龍掉尾

先將兩脚分開。上身下坐。使成騎馬式。在上身下沉之際。兩手在下合掌。向上折肘舉起。置于當胸。作和南之狀。然後分開手掌。緩緩向兩旁推出。至兩臂平直爲度。此法力須停于掌根而貫于指端。身向正前。頭略偏右。式如上圖。略停將手落下。更續行一次。動作同。惟頭部向左耳。

二、金龍獻爪

先將兩足分開。如上式成騎馬步。兩臂即從左右屈肘舉起。使肱臂與頭。成一山字形。手掌向前。略一停頓之後。即用力屈指。作龍爪狀。同時將肱向前壓下。手至肩前時。再略一停頓。即將兩大臂搿緊。而將兩手及肱向後反張。至兩肩尖外爲度。身首各部。皆向正前。式如上圖。如此三舉三落而止。

三、白龙回首

先将右足向右踏进一步，成右弓左箭步，身亦随之旋转；右手直伸于后，左手则向后斜下方作拾物状，略一停顿，左手向上斜扬起，而右手即作抓物状折肘收回；同时，挺直右足，屈下左足，上身亦向左斜倾，头偏右方，两目上视，式如右图。略停回复原位后，更如法向左行一次（第三图）。

四、龙气横江

先将右脚向右方平开一步，两手交叉于腹前，左外右向，乃徐徐将身向右方旋转，变成右弓左箭步；同时，将左手反掌向后分出，而右手则翻掌向上，从下超起，以指尖齐眉为度；上身向正右，略略后仰，目视右手指尖，式如右图。略停回复原位后，更如法向左方行一次（第四图）。

龍拳

（第三圖）白龍廻首

龍拳

（第四圖）龍氣横江

三、白龍廻首

先將右足向右踏進一步。成右弓左箭步。身亦隨之旋轉。右手直伸于後。左手則向後斜下方作拾物狀。略一停頓。左手向上斜揚起。而右手即作抓物狀折肘收廻。同時挺直右足。屈下左足。上身亦向左斜傾。頭偏右方。兩目上視。式如上圖。略停廻原位後。更如法向左行一次。

四、龍氣横江

先將右脚向右方平開一步。兩手交叉于腹前。左外右向。乃徐徐將身向右方旋轉。變成右弓左箭步。同時將左手反掌向後分出。而右手則翻掌向上。從下超起。以指尖齊眉爲度。上身向正右。略略後仰。目視右手指尖。式如上圖。略停回復原位後。更如法向左方行一次。

五、盘龙探爪

先将右足向右踏出一步，身随之俱转，使成右弓左箭步；乘势将左手提置腰间，掌心向前，指皆弯转；而右手则提至乳际，向前推出，臂直为度。略一停顿，则右手拉回置腰间；同时，左手向前推出，然后将身旋至正左方，依法行一次而止。左图所列，乃右第一势之情形（第五图）。

六、游龙退步

先将两足分开，作骑马式；左手平举于侧，掌心向前，右手置于左腰之前，掌心向内，上身略倾于左。然后将左手屈指向斜下方拦回至右腰前为度，掌心向内，而右手则同时向斜上方扬起，掌心向前；左腿乘势挺直，上身则倾向右方。左图乃系向左之定势（第六图）。

龍拳

（第五圖）盤龍探爪

龍拳

（第六圖）遊龍退步

五、盤龍探爪

先將右足向右踏出一步。身隨之俱轉。使成右弓左箭步。乘勢將左手提置腰間。掌心向前。指皆彎轉。而右手則提至乳際。向前推出。臂直爲度。略一停頓。則右手拉廻置腰間。同時左手向前推出。然後將身旋至正左方。依法行一次而止。上圖所列。乃右第一勢之情形。

六、遊龍退步

先將兩足分開。作騎馬式。左手平舉于側。掌心向前。右手置于左腰之前。掌心向內。上身略傾于左。然後將左手屈指向斜下方攔回至右腰前爲度。掌心向內。而右手則同時向斜上方揚起。掌心向前。左腿乘勢挺直。上身則傾向右方。上圖。乃系向左之定勢。

蛇 拳

一、八卦蛇形

先将两足分开，上身下坐，作骑马式，身略偏右；左手屈肱，置于脐下，右手屈肱，置于脐上；然后将上身徐徐向左旋转，在下之左手，由下从前面折腕翻起，至当胸为度，掌心向外，右手则由内向下按去，至腹前为度，掌心向下，上身偏左斜，式如右图。略停更如法反行一次，身旋向右（第一图）。

二、白蛇吐信

先将两足分开，踏成骑马式；左手屈肱提起，置左膝上，屈无名指与小指；而右手则抄至左方，上提向右方分去，亦屈二指；同时，上身向左下坐至极度，然后再将身移向右方，右手屈肱置膝上，而原屈之左手，则向左方分去；身偏于右，头略下俯，而双目则视左指尖。右图所示，乃向左之定势也（第二图）。

蛇拳

（第一圖）八卦蛇形

蛇拳

（第二圖）白蛇吐信

蛇拳

一、八卦蛇形

先將兩足分開。上身下坐。作騎馬式。身略偏右。左手屈肱。置于臍下。右手屈肱。置于臍上。然後將上身徐徐向左旋轉。在下之左手。由下從前面折腕翻起。至當胸爲度。掌心向外。右手則由內向下按去。至腹前爲度。掌心向下。上身偏左斜。式如上圖。略停更如法反行一次。身旋向右。

二、白蛇吐信

先將兩足分開。踏成騎馬式。左手屈肱提起。置左膝上。屈無名指與小指。而右手則抄至左方。上提向右方分去。亦屈二指。同時上身向左下坐至極度。然後再將身移向右方。右手屈肱置膝上。而原屈之左手。則向左方分去。身偏于右。頭略下俯。而雙目則視左指尖。上圖所示。乃向左之定勢也。

三、毒蛇横路

先将两足分开，踏成骑马式；左手伸直中食二指，向右方探去，右手亦屈肱竖起，放于肩外；上身右领，然后将左手由前面向左平分，至肩外则屈肘缩回；而右手则同时向左推过，放于左手之前，臂直为度；上身亦移向左方，头偏于右，式如左图。略停更如法向左亦行一次（第三图）。

四、两蛇分路

先将两足分开，左手提置于右腰之前，右手则直伸中食二指，屈肱提起，掌心向内，指尖与鼻尖相对。然后将身向右方旋转，足踏右弓左箭步；左手则用力缓缓向后推出，右手则折腕向前指出；全身向右，目视指尖，式如左图。略停旋身向左，如法亦行一次（第四图）。

蛇拳

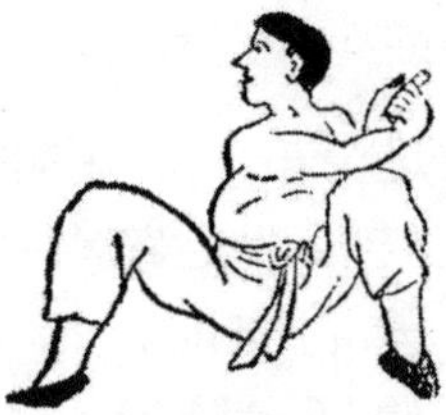

（第三圖）毒蛇橫路

蛇拳

（第四圖）兩蛇分路

三、毒蛇橫路

先將兩足分開。踏成騎馬式。左手伸直中食二指。向右方探去。右手亦屈肱豎起。放于肩外。上身右領。然後將左手由前面向左平分。至肩外則屈肘縮回。而右手則同時向左推過。放于左手之前。臂直爲度。上身亦移向左方。頭偏于右。式如上圖。略停更如法向左亦行一次。

四、兩蛇分路

先將兩足分開。左手提置于右腰之前。右手則直伸中食二指。屈肱提起。掌心向內。指尖與鼻尖相對。然後將身向右方旋轉。足踏右弓左箭步。左手則用力緩緩向後推出。右手則折腕向前指出。全身向右。目視指尖。式如上圖。略停旋身向左。如法亦行一次。

五、白蛇盘鼠

先将两足分开，两手伸直中食二指，屈肱提置胸前。上身向右旋转，两足踏右弓左箭步；左手则从前面抄向右方指出，掌心向前，指尖向右，上身旋至右后为度。然后将左手收回置腰前，右手从前面抄过指出，身随之旋至右前方为度，式如右图。略停，更旋身向左如法亦行一次（第五图）。

六、毒蛇守洞

先将两脚分开，踏成骑马式，将上身略向右旋；两手同时向右斜上方推去，身亦前探；然后左手从原处落下，置于左膝前，而右手则在前面向斜下方徐徐压下，至左手上面为止；上身亦向左移旋；坐至极度，头偏右上，式如右图。略停更如法反行一次（第六图）。

蛇拳

（第五圖）白蛇盤鼠

五、白蛇盤鼠

先將兩足分開。兩手伸直中食二指。屈肱提置胸前。上身向右旋轉。兩足踏右弓左箭步。左手則從前面抄向右方指出。掌心向前。指尖向右。上身旋至右後爲度。然後將左手收回置腰前。右手從前面抄過指出。身隨之旋至右前方爲度。式如上圖。略停更旋身向左如法亦行一次。

蛇拳

（第六圖）毒蛇守洞

六、毒蛇守洞

先將兩脚分開。踏成騎馬式。將上身略向右旋。兩手同時向右斜上方推去。身亦前探。然後左手從原處落下。置于左膝前。而右手則在前面向斜下方徐徐壓下。至左手上面爲止。上身亦向左移旋。坐至極度。頭偏右上。式如上圖。略停更如法反行一次。

鹤　拳

一、白鹤亮翅

先将左足由原方向踏前半步，与右足前后参差；同时，将两手屈肱拗起，放于两肩之外，指尖向上，掌心向外。然后将脚尖略略点起，两手即同时向左右搧下，至臂直为度，而两手掌之方向，则完全不变；身首皆向前面，式如左图。略停，手足复位，更以右足踏前，如法行之（第一图）。

二、野鹤寻食

先将左足向右踏出一步，上身随之旋转，至正右方踏成左弓右箭步；两手伸直大中食三指，而屈其余二指，屈肱提起，先将左手向下作抓物状；然后右脚踏进一步，收回左手，改用右手向下作抓物状；上身前倾，目视地上，式如左图。略停复位，更如法向左方行一次（第二图）。

鶴拳

(第一圖)白鶴亮翅

鶴拳

(第二圖)野鶴尋食

鶴拳

一、白鶴亮翅

先將左足由原方向踏前半步。與右足前後參差。同時將兩手屈肱拗起。放于兩肩之外。指尖向上。掌心向外。然後將腳尖略略點起。兩手即同時向左右搧下。至臂直爲度。而兩手掌之方向。則完全不變。身首皆向前面。式如上圖。略停。手足復位。更以右足踏前。如法行之。

二、野鶴尋食

先將左足向右踏出一步。上身隨之旋轉。至正右方踏成左弓右箭步。兩手伸直大中食三指。而屈其餘二指。屈肱提起。先將左手向下作抓物狀。然後右腳踏進一步。收回左手。改用右手向下作抓物狀。上身前傾。目視地上。式如上圖。略停復位。更如法向左方行一次。

三、雄鹤印翎

先将两足分开，两手则各伸直其大中食三指，而屈其余二指，屈肱提起，平置于肩尖之前，掌心向下；乃向左旋身，左手顺势向后面刷去，而右手下按至左乳之前。全身向左后略一停顿之后，即向右旋身，右手依法刷出，而左手则收回置于右乳之前，全身移向左前，头偏于右，目视右指尖，式如右图（第三图）。

四、长臬独立

先将两手各屈小指及无名指，而直伸大中食三指，向前举起，至与肩平时，则向左右两旁分开，至成一字形为度，掌心向下；在两手动作之际，右脚即向上提起，膝抵于腹，然后再将两手折肱，由斜下方抄起，提至肩前，式如右图。略停复位，更提左脚如法行之（第四图）。

鶴拳

(第三圖)雄鶴印翎

鶴拳

(第四圖)长臬独立

三、雄鶴印翎

先將兩足分開。兩手則各伸直其大中食三指。而屈其餘二指。屈肱提起。平置于肩尖之前。掌心向下。乃向左旋身。左手順勢向後面刷去。而右手下按至左乳之前。全身向左後。略一停頓之後。即向右旋身。右手依法刷出。而左手則收回置于右乳之前。全身移向左前。頭偏于右。目視右指尖。式如上圖。

四、長臬獨立

先將兩手各屈小指及無名指。而直伸大中食三指。向前舉起。至與肩平時。則向左右兩旁分開。至成一字形爲度。掌心向下。在兩手動作之際。右脚即向上提起。膝抵于腹。然後再將兩手折肱。由斜下方抄起。提至肩前。式如上圖。略停復位。更提左脚如法行之。

五、鹤爪印沙

先将全身旋向右方，右足向前踏进一步，唯用脚趾点地，并不踏实；左手则从下面用力折肱，向上拗起，至迎面为度，掌心向前；右手则从旁侧屈肱提至肩外，然后向前推压而下，至手平乳为度，掌心向下，肘略屈，头后仰，式如左图。略停复位，更如法向左行一次（第五图）。

六、冰鹤守梅

先将身体向右旋转，两手各屈其小指及无名指，而直伸其大中食三指，依长臬独立之法，两臂从旁平举，至成一字形为度；右足同时向上提起，膝盖及乳，然后将两手从旁拦入，抱取膝头，右手在外，左手在内，式如左图。略停复位，更旋向左方，提左足如法行之（第六图）。

鶴拳

（第五圖）鶴爪印沙

鶴拳

（第六圖）冰鶴守梅

五、鶴爪印沙

先將全身旋向右方。右足向前踏進一步。惟用脚趾點地。并不踏實。左手則從下面用力折肱。向上拗起。至迎面爲度。掌心向前。右手則從旁側屈肱提至肩外。然後向前推壓而下。至手平乳爲度。掌心向下。肘略屈。頭後仰。式如上圖。略停復位。更如法向左行一次。

六、冰鶴守梅

先將身體向右旋轉。兩手各屈其小指及無名指。而直伸其大中食三指。依長臬獨立之法。兩臂從旁平舉。至成一字形爲度。右足同時向上提起。膝蓋及乳。然後將兩手從旁攔入。抱取膝頭。右手在外。左手在內。式如上圖。略停復位。更旋向左方。提左足如法行之。

少林内功与易筋经

少林门中之内功，以易筋、洗髓二经为最精纯。洗髓一经，即本仙家伐毛洗髓之意，其高深奥妙，超乎一切武功，不易领悟，且其原本，早已失传。世间即有此书，要皆后人搜集道藏，附会而成，牵萝补屋，固不见其能收若何效果也。唯易筋一经，少林门中，犹多传法，并未泯灭，唯与世间刊本，颇有出入。今人之言易筋经者，每分为外功易筋经、内功易筋经，是亦牵强之说也。吾人试考其命名之义，即可知易筋之止有一经，有不容强加分析之处也。易者换也，筋者筋脉也。易筋云者，盖言去其原来羸弱无用之筋。而易以坚强有用之筋也。亦即言练习此功之后，可以变易其筋骨，而使坚强有用也。由此观之，则功既同名易筋，而易筋之功夫，又属于少林之内功门中，又乌得而强分之耶？此实世人不细味其命名之义，而妄加分析也。就予所知，易筋一经，实传自震旦初祖达摩禅师，全部共二十四段，分为前后二部。其前部较易练习，为入门之秘诀；其后部较为精奥，为成功之途径。今人不察，皆以前部为外功易筋经，而以后部为内功易筋经，实大误也。且有云外功易筋

少林内功與易筋經

少林門中之內功。以易筋洗髓二經爲最精純。洗髓一經。即本仙家伐毛洗髓之意。其高深奧妙。超乎一切武功。不易領悟。且其原本。早已失傳。世間即有此書。要皆後人搜集道藏。附會而成。牽蘿補屋。固不見其能收若何效果也。惟易筋一經。少林門中。猶多傳法。並未泯滅。惟與世間刊本。頗有出入。今人之言易筋經者。每分爲外功易筋經。內功易筋經。是亦牽强之説也。吾人試考其命名之義。即可知易筋之止有一經。有不容强加分析之處也。易者換也。筋者筋脉也。易筋云者。蓋言去其原來羸弱無用之筋。而易以堅强有用之筋也。亦即言練習此功之後。可以變易其筋骨。而使堅强有用也。由此觀之。則功既同名易筋。而易筋之功夫。又屬于少林之內功門中。又烏得而强分之耶。此實世人不細味其命名之義。而妄加分析也。就予所知。易筋一經。實傳自震旦初祖達摩禪師。全部共二十四段。分爲前後二部。其前部較易練習。爲入門之秘訣。其後部較爲精奧。爲成功之途徑。今人不察。皆以前部爲外功易筋經。而以後部爲內功易筋經。實大誤也。且有云外功易筋经为十二段，即今日通行之法；内功易筋经共二十四段，今已失传，殊不知前后共止二十四段也。此步功夫练成之后，即入内功之中乘，能运柔成刚，以御外侮。所谓易筋者，非真能将人体之经络取出，而换以坚强之筋，犹言练此功夫，日久之后，即可使筋骨坚强，胜于未练之时，如脱胎换骨。易筋云者，比喻之辞也。洗髓之经，予不得而见。易筋经则非但所见之本甚多，且曾事学习。同邑蒋觐园先生，曾得真传于少林老僧，且藏有真本。其文孙小溪曾假予抄录，且为予言其精奥之处。予以多病之身，练习一年之后，虽未能变懦夫为壮汉，而病魔远避，身体康宁。而所练者，犹仅其前段。于此可证此项功夫，实具有绝大功效也。闻小溪言，觐园先生，能运气于全身，尝命人以利刀刺之不能伤，唯力避耳目又两颊耳。其功夫皆从易筋经中练得，此又可证易筋经之可以御枪刀，并非虚语也。蒋之本，与坊间之刊本，互有异同，兹即以此本刊行，以正谬误。且述小溪之语，使世之学武者，知易筋经之但分前后二部，以便练习者得以渐进，皆属于少林内功门中，实无所谓外功内功之分也。否则强分派别，徒贻讥于识者耳。

經爲十二段。即今日通行之法。內功易筋經共二十四段。今已失傳。殊不知前後共止二十四段也。此步功夫練成之後。即入內功之中乘。能運柔成剛。以御外侮。所謂易筋者。非真能將人體之經絡取出。而換以堅强之筋。猶言練此功夫。日久之後。即可使筋骨堅强。勝于未練之時。如脫胎換骨。易筋云者。比喻之辭也。洗髓之經。予不得而見。易筋經則非但所見之本甚多。且曾事學習。同邑蔣覲園先生。曾得真傳于少林老僧。且藏有真本。其文孫小溪。曾假予抄錄。且爲予言其精奧之處。予以多病之身。練習一年之後。雖未能變懦夫爲壯漢。而病魔遠避。身體康寧。而所練者。猶僅其前段。于此可證此項功夫。實具有絕大功效也。聞小溪言。覲園先生。能運氣于全身。嘗命人以利刀刺之不能傷。惟力避耳目又兩頰耳。其功夫皆從易筋經中練得。此又可證易筋經之可以御槍刀。并非虛語也。蔣之本。與坊間之刊本。互有异同。兹即以此本刊行。以正謬誤。且述小溪之語。使世之學武者。知易筋經之但分前後二部。以便練習者得以漸進。皆屬于少林內功門中。實無所謂外功內功之分也。否則强分派別。徒貽譏于識者耳。

易筋经前部练习法

此部易筋经所列各法，即俗传之外功易经是也，共十有二段。每段动作不同，而各有其妙事，宜于清晨薄暮之时，在空旷清洁之地，依法练习。待十二段行毕后，再从第一段复练，周而复始，晨夕各三次。一年之后，则精神委顿者，立可振作；而精神健旺者，则实力增加，神完气足，洵有易筋换骨之妙。但须每日行之，切不可稍有间断。若荒怠不勤，绝不能克期收效也。

易筋經前部練習法

此部易筋經所列各法。即俗傳之外功易經是也。共十有二段。每段動作不同。而各有其妙事。宜于清晨薄暮之時。在空曠清潔之地。依法練習。待十二段行畢後。再從第一段復練。周而復始。晨夕各三次。一年之後。則精神萎頓者。立可振作。而精神健旺者。則實力增加。神完氣足。洵有易筋換骨之妙。但須排日行之。切不可稍有間斷。若荒怠不勤。絶不能剋期收效也。

第一段

面向东方而立，两足分开，中间相距约一尺开阔。足之位置，须趾与跗同一方向，切忌踏成八字形。凝神调息，摒除一切杂念，鼓气于腹，毋使走泄。头部向上微昂，口宜紧闭，牙齿相接，舌尖舐住牙关，两目向前睁视，睛珠须定，不可稍有启闭。然后将两手折腕昂起，使掌心向下，指尖向前，再缓缓踏屈其肘节，将手提起少许，至腰部稍下处为度。唯两手虽上提，而两臂之气力，必须下注，如按桌踊身之状。略加停顿之后，乃将十指运力向上翘起，而掌根则运力捺下。行时须极徐缓，至极度后，再停顿片刻，乃放下手指，提起掌根，回复原状。如此一翘一按，是为一度，徐行四十九度，而第一段功夫完毕。须默记其按，此段名混元一气之势，先天之象也。一翘一捺，得乎动机，停顿贯气，得乎静定，动静相因，而阴阳判，万物生矣。故以下各段，皆由此式而化生者也。行时宜全神贯注于指掌之间，不可相离。日久之后，则气随神到，而运于内，力由气生而行于外，内外相合，而超乎一切矣。若神

△第一段

（第一圖）

面向東方而立。兩足分開。中間相距約一尺開闊。足之位置。須趾與跗同一方向。切忌踏成八字形。凝神調息。摒除一切雜念。鼓氣于腹。毋使走泄。頭部向上微昂。口宜緊閉牙齒相接。舌尖舐住牙關。兩目向前睜視。睛珠須定。不可稍有啓閉。然後將兩手折腕昂起。使掌心向下。指尖向前。再緩緩踏屈其肘節。將手提起少許。至腰部稍下處爲度。惟兩手雖上提。而兩臂之氣力。必須下注。如按桌踴身之狀。略加停頓之後。乃將十指運力向上翹起。而掌根則運力捺下。行時須極徐緩。至極度後。再停頓片刻。乃放下手指。提起掌根。回復原狀。如此一翹一按。是爲一度。徐行四十九度。而第一段功夫完畢。須默記其按此段名混元一氣之勢。先天之象也。一翹一捺。得乎動機。停頓貫氣。得乎靜定。動靜相因。而陰陽判。萬物生矣。故以下各段。皆由此式而化生者也。行時宜全神貫注于指掌之間。不可相離。日久之後。則氣隨神到。而運于內。力由氣生而行于外。內外相合。而超乎一切矣。若神气涣散力不专注，是为大忌。在两手上提之时，切不能过至腰上，否则非但不得其益，且有损于筋骨。慎之慎之。

第二段

行前段功夫既毕之后，则将气力收起，复平常小立状态，使全身筋骨稍为舒展，以免过劳之弊。其休息之时间，则不必限定。行第二段时，先将两足紧并，全身正立，鼓气闭口，突视昂首，与第一段完全相同。两手则将指屈转握拳，唯大指伸直。此时握拳极松，不可用力，握定之后，则将拳移置于大腿之前面，掌心与腿面相贴，两大指则遥遥相对。至此略略停顿之后，即将每手之大指，向上翘起，以至极度；同时，两手之其余四指，则用力紧握，务用全力；而两臂之力，则须下注，切不可有丝毫提劲。略停片刻之后，两大指即徐徐放下，余指亦慢慢松开，以复原状，两臂则宜用提劲，使气力上收。如此一紧一松为一度。行时宜凝神注气，专心

氣渙散力不專注。是爲大忌。在兩手上提之時。切不能過至腰上。否則非但不得其益。且有損于筋骨。愼之愼之。

△第二段

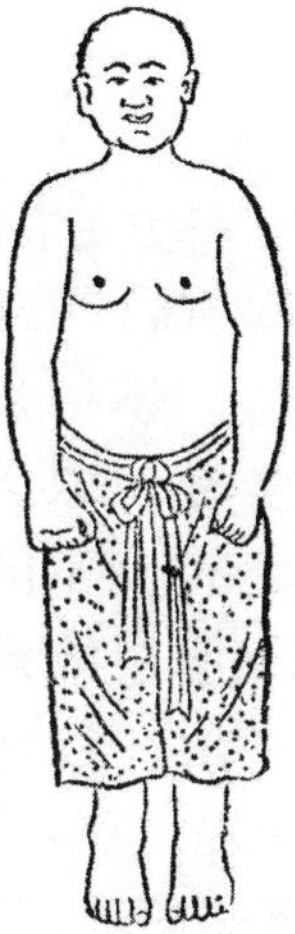
（第二圖）

行前段功夫既畢之後。則將氣力收起。復平常小立狀態。使全身筋骨稍爲舒展。以免過勞之弊。其休息之時間。則不必限定。行第二段時。先將兩足緊並。全身正立。鼓氣閉口。突視昂首。與第一段完全相同。兩手則將指屈轉握拳。惟大指伸直。此時握拳極鬆。不可用力。握定之後。則將拳移置于大腿之前面。掌心與腿面相貼。兩大指則遥遥相對。至此略略停頓之後。即將每手之大指。向上翹起。以至極度。同時兩手之其餘四指。則用力緊握。務用全力。而兩臂之力。則須下注。切不可有絲毫提勁。略停片刻之後。兩大指即徐徐放下。餘指亦慢慢鬆開。以復原狀。兩臂則宜用提勁。使氣力上收。如此一緊一鬆爲一度。行時宜凝神注氣。專心一志。行四十九度，第二段功夫毕矣。式如第二图。

按：此一段，坊本有将两拳贴置于大腿之旁侧，而大指向前者，殊不得势。不得势则力不充，力不充则气不行，精神亦因之而涣散，以之求功，尚可得乎？实谬误之甚也。至于翘指之时，不能稍杂提劲者，则以气力下注，贯于拳指之间，俾拳能愈握愈紧，指能愈翘愈高也。行此段功夫，亦宜出之徐缓，紧时则气力下注，松时则气力上提，一注一提，所以行气使力也。

在表面观之，似乎功夫仅及于指臂，实则偏及于全身。盖以人身肢体，无不通连，而气之源流，又从内府行流而至，无所不及也。在行功之时，最忌口鼻呼吸，身体动摇，因皆足以耗气散力也。

第三段

行第二段功夫既毕之后，略事休息，再续行第三段。此段正立如前，先将两足分开，中间距离约一尺左右，务须趾与跗成平线，忌作八字形。腿部宜运力下注，不可使稍有松浮，否则身体易于摇动，而致神气涣散矣。头昂目睁，口闭牙接，鼓气腹中，与上

一志。行四十九度。第二段功夫畢矣。式如第二圖。

按此一段。坊本有將兩拳貼置于大腿之旁側。而大指向前者。殊不得勢。不得勢則力不充。力不充則氣不行。精神亦因之而渙散。以之求功。尚可得乎。實謬誤之甚也。至于翹指之時。不能稍雜提勁者。則以氣力下注。貫于拳指之間。俾拳能愈握愈緊。指能愈翹愈高也。行此段功夫。亦宜出之徐緩。緊時則氣力下注。鬆時則氣力上提。一注一提。所以行氣使力也。在表面觀之。似乎功夫僅及于指臂。實則偏及于全身。蓋以人身肢體。無不通連。而氣之源流。又從內府行流而至。無所不及也。在行功之時。最忌口鼻呼吸。身體動搖。因皆足以耗氣散力也。

(第三圖)

△第三段

行第二段功夫既畢之後。略事休息。再續行第三段。此段正立如前。先將兩足分開。中間距離約一尺左右。務須趾與跗成平線。忌作八字形。腿部宜運力下注。不可使稍有鬆浮。否則身體易于搖動。而致神氣渙散矣。頭昂目睜。口閉牙接。鼓氣腹中。與上二段同。两手则将大指先屈置掌心，余四指则紧握大指之外面，两臂垂直，双拳置大腿之两侧，掌心贴腿，拳背向外。在上手之时，臂部并不用力，拳亦握得极松。略略停顿之后，即将两拳缓缓握紧，至极度为止；同时，运力于臂，使之下注，即用力将两臂挺直，使肘节突出，而气力易达于指掌之间也。略停片刻后，更徐徐矣住臂力，放松拳指，而回复原状。如此一紧一松为一度，共行四十九度，而第三段功夫毕收。式如第三图。

按：此段主力之点在于拳臂，行气之法，一提一注，固与上段无所区别，但其间不同之处亦不止一端。彼则并足而此则分开，彼则伸直大指而此则屈握大指。要皆各有用意者，夫两足分开，所以使下盘牢固，不易摇动也。握拇指于掌中，所以实拳心而易于着力也。臂向下挺，而突其肘节，所以使全臂之气力，下注于拳也。而各段之动作相异无几，在功效上则差甚大也。行功之际，除动作之外，尤须注意于神气之贯注，务使精神气力，融汇一起，达则全达，敛则全敛。若精神气力之不相融，虽练百年，亦是无益，学者宜加意焉。

第四段

二段同。兩手則將大指先屈置掌心。餘四指則緊握大指之外面。兩臂垂直。雙拳置大腿之兩側。掌心貼腿。拳背向外。在上手之時。臂部並不用力。拳亦握得極鬆。略略停頓之後。即將兩拳緩緩握緊。至極度爲止。同時運力于臂。使之下注。即用力將兩臂挺直。使肘節突出。而氣力易達于指掌之間也。略停片刻後。更徐徐矣住臂力。放鬆拳指。而回復原狀。如此一緊一鬆爲一度。共行四十九度。而第三段功夫畢收。式如第三圖。

按此段主力之點。在于拳臂。行氣之法。一提一注。固與上段無所區別。但其間不同之處。亦不止一端。彼則並足而此則分開。彼則伸直大指而此則屈握大指。要皆各有用意者。夫兩足分開。所以使下盤牢固。不易搖動也。握拇指于掌中。所以實拳心而易于着力也。臂向下挺。而突其肘節。所以使全臂之氣力。下注于拳也。而各段之動作相异無幾。在功效上則差甚大也。行功之際。除動作之外。尤須注意于神氣之貫注。務使精神氣力。融會一起。達則全達。斂則全斂。若精神氣力之不相融。雖練百年。亦是無益。學者宜加意焉。

△第四段

行第三段功夫既毕之后，体息片刻，以舒展筋骨，然后再续行第四段。此段与以上各段不同，先全身正立两足紧并，用足两腿之气力下注，以固下盘；然后将两大拇指，屈置掌中，而以余指屈置其外，掘之成拳。两拳由前面向上举起，以平肩为度，掌心相对，虎口向上，两拳间之距离，则与肩膀之阔度相等。在上举之时，两臂宜直，上身切忌动摇。略略停顿，即运力将拳紧紧握拢，以至极度，而两臂同时向前伸去，位置虽不能伸前若干，但气力则完全前注。停顿片刻，则将拳放松，而收回两臂之伸劲。在伸出时，切忌左右宕动。如此一握一松为一度，共行四十九度，第四段功夫既毕矣。式如第四图。

按：此一段乃气注平行之法，使气力进则注之于拳臂，退则流行于肩背。盖握拳伸臂，两肩必向前探出，背部之筋肉，势必紧张，此时气力完全前透。待松手收力，全部筋肉，完全松弛，气力亦因而退行，流注于肩背各部矣。此段最忌者，即为用

行第三段功夫既畢之後。體息片刻。以舒展筋骨。然後再續行第四段。此段與以上各段不同。先全身正立兩足緊並。用足兩腿之氣力下注。以固下盤。然後將兩大拇指。屈置掌中。而以餘指屈置其外。掘之成拳。兩拳由前面向上舉起。以平肩爲度。掌心相對。虎口向上。兩拳間之距離。則與肩膀之闊度

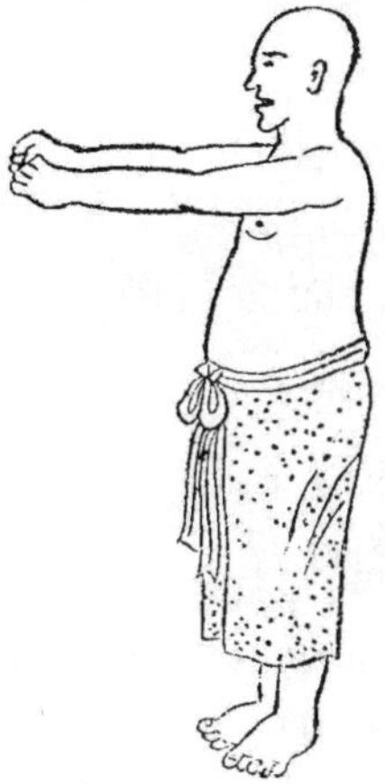

（第四圖）

相等。在上舉之時。兩臂宜直。上身切忌動搖。略略停頓。即運力將拳緊緊握攏。以至極度。而兩臂同時向前伸去。位置雖不能伸前若幹。但氣力則完全前注。停頓片刻。則將拳放鬆。而收回兩臂之伸勁。在伸出時。切忌左右宕動。如此一握一鬆爲一度。共行四十九度。第四段功夫既畢矣。式如第四圖。

按此一段乃氣注平行之法。使氣力進則注之于拳臂。退則流行于肩背。蓋握拳伸臂。兩肩必向前探出。背部之筋肉。勢必緊張。此時氣力完全前透。待鬆手收力。全部筋肉。完全鬆弛。氣力亦因而退行。流注于肩背各部矣。此段最忌者。即爲用

力时两拳向左右宕动。因两拳宕动，则全身之气力，不能专注于前，而旁行散乱。势散神乱，行之非但不足以获益，反足以招害也，是宜特加注意。

第五段

行第四段功夫毕，略事休息，更续行此第五段。全身正立，两足紧并，昂首紧目，闭口咬齿，凝神鼓气，如第一段之形状。将两手握拳甚松，翻掌向外，徐徐从两旁举起，竖于头之上面，掌心相向，虎口向后，肘节微弯，两臂须离开耳际一寸处，切不可紧贴。在两臂上举时，两足即随之踮起，两踵离地一寸左右为度。略略停顿片刻，乃将两拳紧紧一握，两臂则蓄力向下挫，似拉住铁杠，将身上收之状；同时，两踵再乘势向上举起，至极度而止。停顿片刻之后，再将两拳徐徐放松，收回气力，两踵亦缓缓放下，仍至离地一寸左右为度。如此一起一落为一度，共行四十九度，而第五段功夫毕矣。式如第五图。

按：此一段功夫，乃将气力流注全身之法。盖举踵踮趾，则腿胯等处必气力贯注而

力時兩拳向左右宕動。因兩拳宕動。則全身之氣力。不能專注于前。而旁行散亂。勢散神亂。行之非但不足以獲益。反足以招害也。是宜特加注意。

(第五圖)

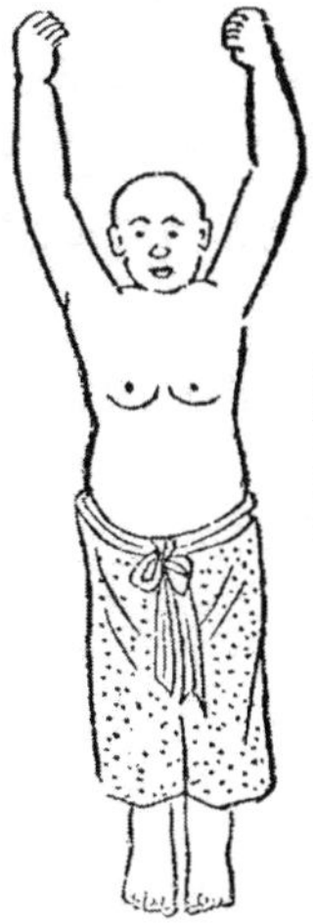

△第五段

行第四段功夫畢。略事休息。更續行此第五段。全身正立。兩足緊並。昂首緊目。閉口咬齒。凝神鼓氣。如第一段之形狀。將兩手握拳甚鬆。翻掌向外。徐徐從兩旁舉起。豎于頭之上面。掌心相向。虎口向後。肘節微彎。兩臂須離開耳際一寸處。切不可緊貼。在兩臂上舉時。兩足即隨之殿起。兩踵離地一寸左右爲度。略略停頓片刻。乃將兩拳緊緊一握。兩臂則蓄力向下挫。似拉住鉄槓。將身上收之狀。同時兩踵再乘勢向上舉起。至極度而止。停頓片刻之後。再將兩拳徐徐放鬆。收回氣力。兩踵亦緩緩放下。仍至離地一寸左右爲度。如此一起一落爲一度。共行四十九度。而第五段功夫畢矣。式如第五圖。

按此一段功夫。乃將氣力流注全身之法。蓋舉踵殿趾。則腿胯等處。必氣力貫注而后坚实。若气力不注，则腿胯虚浮；腿胯虚浮，势必全身动摇，不能直立，难于行功矣。至于两臂上举者，欲使其肩背胸胁腰腹等部之筋肉，处处紧张，以便气力易于流注进退也。此段中之最须注意者，即在紧握双拳之际，下挫其臂。所谓下挫者，乃运其两臂之全力，向下挫去，并非真将两臂做有形之动作也，此实为运意而役使气力之法。是当特加注意者，两踵之起落，务宜徐缓，切忌猛疾。因起落猛疾，两踵易受震激，足以影响及于头脑与心房，为害甚烈，是宜切记。

第六段

行第五段功夫既毕，略事休息然后再续行第六段。全身正立，昂首睁目，闭口鼓气如前。先将两足分开，相距约一尺左右，趾踵须成平行线，切不可踏成八字式，因八字式力不专注，且易动摇也。两手则将大拇指放在外面，以余四指握拳，再将拇指放于指节之外。握时亦须松弛，不可过

後堅實。若氣力不注。則腿胯虛浮。腿胯虛浮。勢必全身動搖。不能直立。難于行功矣。至于兩臂上舉者。欲使其肩背胸脅腰腹等部之筋肉。處處緊張。以便氣力易于流注進退也。此段中之最須注意者。即在緊握雙拳之際。下挫其臂。所謂下挫者。乃運其兩臂之全力。向下挫去。並非真將兩臂做有形之動作也。此實爲運意而役使氣力之法。是當特加注意者。兩踵之起落。務宜徐緩。切忌猛疾。因起落猛疾。兩踵易受震激。足以影響及于頭腦與心房。爲害甚烈。是宜切記。

△第六段

行第五段功夫既畢。略事休息然後再續行第六段。全身正立。昂首睜目。閉口鼓氣如前。先將兩足分開。相距約一尺左右。趾踵須成平行線。切不可踏成八字式。因八字式力不專注。且易動搖也。兩手則將大拇指放在外面。以餘四指握拳。再將拇指放于指節之外。握時亦須鬆弛。不可過

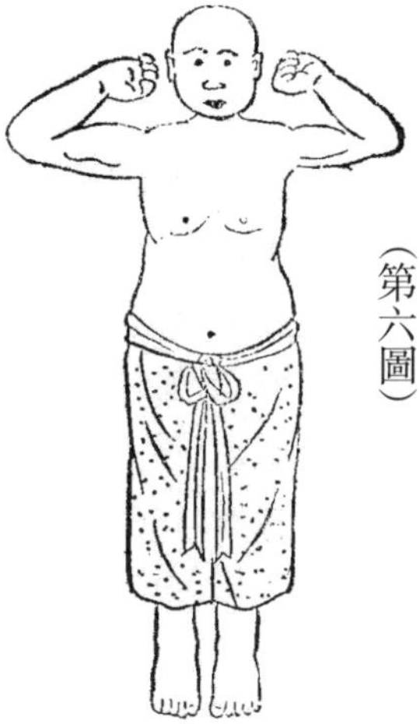

（第六圖）

紧。然后将两臂从旁侧举起，掌心向上，至臂平直时，更屈转肘节，引肱竖起，至拳面适对两耳，全臂成三角形。拳以离耳一寸许为度，掌心则向肩尖。略略停顿后，即将拳徐徐握紧，以至极度，小臂则用力向内折，大臂则用力向上抬。此皆系力行，不以形式行也。略事停顿后，即徐徐放开，以复原状。如此一松一紧为一度，自始至终，共行四十九度，而第六段功夫毕矣。式如第六图。

按：此段功夫，乃运使气力，进而流注于臂肘指节之间，退则流注于肩背胸廓之部。小臂内折，则筋肉紧张，气力易于前达；大臂上抬，则胸廓开展，肩背紧张，而气力易于流行，内府诸官，亦必因而舒伸，处处着力，毫不松懈。唯行此之时，上身切忌动摇，两臂切忌震荡。欲免除此弊，在乎用力之时，徐缓从事，若举动猛疾，则必难免也。

第七段

行第六段功夫之后，休息片时，再续行此第七段。两足紧并，全身直立，昂首突视，鼓气闭口如上。两手则各将四指握在里面，而大指则扣手指节之外，拳握甚松，由正前面向上提起。提至肩前，成平三角形时，略停片时，即运力于肱，徐徐

緊。然後將兩臂從旁側舉起。掌心向上。至臂平直時。更屈轉肘節。引肱竪起。至拳面適對兩耳。全臂成三角形。拳以離耳一寸許爲度。掌心則向肩尖。略略停頓後。即將拳徐徐握緊。以至極度。小臂則用力向內折。大臂則用力向上抬。此皆系力行。不以形式行也。略事停頓後。即徐徐放開。以復原狀。如此一鬆一緊爲一度。自始至終。共行四十九度。而第六段功夫畢矣。式如第六圖。

按此段功夫。乃運使氣力。進而流注于臂肘指節之間。退則流注于肩背胸廓之部。小臂內折。則筋肉緊張。氣力易于前達。大臂上抬。則胸廓開展。肩背緊張。而氣力易于流行。內府諸官。亦必因而舒伸。處處着力。毫不鬆懈。惟行此之時。上身切忌動摇。兩臂切忌震蕩。欲免除此弊。在乎用力之時。徐緩從事。若舉動猛疾。則必難免也。

△第七段

行第六段功夫之後。休息片時。再續行此第七段。兩足緊並。全身直立。昂首突視。鼓氣閉口如上。兩手則各將四指握在裏面。而大指則扣手指節之外。拳握甚鬆。由正前面向上提起。提至肩前。成平三角形時。略停片時。即運力于肱。徐徐向左右分去，至平肩成一字形为度，掌心向上。上身则略向后仰，唯不能过度。在两臂分开之后，即将两足尖徐徐抬起，离地约一寸许，专用两足跟着地；同时，将拳徐徐握紧，从鼻中吸入清气一口。吸尽一口，再将足尖轻轻放下，两拳缓缓放开；同时，从口吐出浊气一口，以复原状。如此共行四十九度而功毕，式如第七图。

按：此段乃运使气力旁行之法，而兼调内府者也。伸臂握拳，所以增加气力；一呼吸所以调内脏，即吐浊纳清之意也。故行时上身必须后仰，始足以使胸廓开展，而可以尽量呼吸也。至于足尖上抬之故，亦无非欲使下盘固实而不虚浮。盖足跟点地，气力若不贯注，非但动摇，且立见倾跌。学者于此，宜三注意焉。

第八段

行第七段后，休息片时，再续行此第八段。此段与第四段之法，大同小异。并足正

向左右分去。至平肩成一字形爲度。掌心向上。上身則略向後仰。惟不能過度。在兩臂分開之後。即將兩足尖徐徐抬起。離地約一寸許。專用兩足跟着地。同時將拳徐徐握緊。從鼻中吸入清氣一口。吸盡一口。再將足尖輕輕放下。兩拳緩緩放開。同時從口吐出濁氣一口。以復原狀。如此共行四十九度而功畢。式如第七圖。

按此段乃運使氣力旁行之法。而兼調內府者也。伸臂握拳。所以增加氣力。一呼吸所以調內臟。

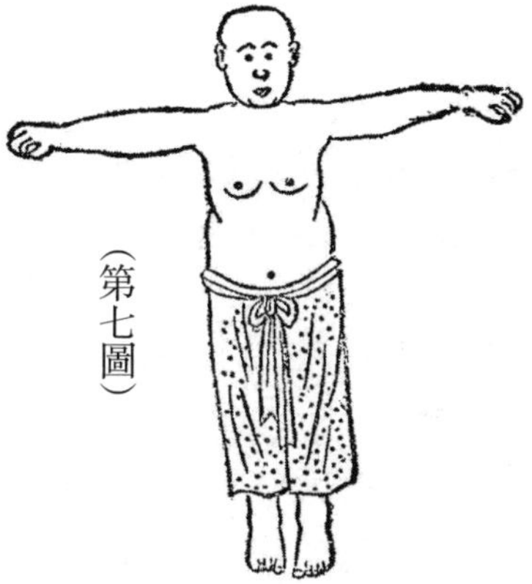

（第七圖）

即吐濁納清之意也。故行時上身必須後仰。始足以使胸廓開展。而可以盡量呼吸也。至于足尖上抬之故。亦無非欲使下盤固實而不虛浮。蓋足跟點地。氣力若不貫注。非但動搖。且立見傾跌。學者于此。宜三注意焉。

△第八段

行第七段後。休息片時。再續行此第八段。此段與第四段之法。大同小異。並足正立，昂首突视，屏息鼓气如前。将两拇指先屈转，置于掌心，更以其余四指握其外，拳握甚松。再将拳由前面向上举起，以平肩为度，虎口向上，掌心相对，唯两拳间之距离，并不限肩之阔度，相去检迩，约距二三寸。在两拳上举之时，两踵亦徐徐提起，离地约二寸许，专用足尖点地。然后将两拳用力徐徐握紧，以至极度。略事停顿后，再将拳徐徐放松，两踵亦轻轻落下，着地时务须极轻。如此一紧一松为一度，前后共行四十九度而功毕，式如第八图。

按：此段练空中悬动，使气力流注于上下各部，与第四段相异之处在于两拳距离之远近，及举踵与不举踵二事。在握紧双拳之后，更宜将臂向外分去，以至与肩膀之阔度相等；至放松时，则更徐徐合拢。行此段最难之点，则在于上身之向前后俯仰，而使下盘不能固实，故此一段功夫，实较第四段为难也。

第九段

立。昂首突視。屏息鼓氣如前。將兩拇指先屈轉。置于掌心。更以其餘四指握其外拳握甚鬆。再將拳由前面向上舉起。以平肩爲度。虎口向上。掌心相對。惟兩拳間之距離。並不限肩之闊度。相去檢邇。約距二三寸。在兩拳上舉之時。兩踵亦徐徐提起。離地約二寸許。專用足尖點地。然後將兩拳用力徐徐握緊。以至極度。略事停頓後。再將拳徐徐放鬆。兩踵亦輕輕落下。着地時務須極輕。如此一緊一鬆爲一度。前後共行四十九度而功畢。式如第八圖。

（第八圖）

按此段練空中懸動。使氣力流注于上下各部。與第四段相異之處。在于兩拳距離之遠近。及舉踵與不舉踵二事。在握緊雙拳之後。更宜將臂向外分去。以至與肩膀之闊度相等。至放鬆時。則更徐徐合攏。行此段最難之點。則在于上身之向前後俯仰。而使下盤不能固實。故此一段功夫。實較第四段爲難也。

△第九段

行第八段功夫既毕，休息片刻，再续行第九段。全身直立，头正目前视，上身须直，闭口鼓气如前，两足紧并。将两大指屈置掌心，而以余四指握其外，拳握甚松。然后将两拳从下面提起，务须在正前方上提，提至腹前，则屈其两肱，向上翻起，至当面为度。掌心向外，两拳面则斜向鼻尖之两旁，肘臂屈成三角形，两拳相距约三寸许。然后更将拳徐徐握紧，以至极度；同时，将小臂用力向内翻转，大臂则用力向前逼出，肘节则向后面分引，各部同时运用气力。略事停顿之后，再徐徐放松双拳，收回各部气力，以复于原来情状。如此一紧一松为一度，自始至终，共行四十九度而功毕。式如第九图。

按：此段在翻肱向上时，宜似握千钧重物向上翻提之状，虽手中并未有物，心中当作如是想也。此段坊本错误者甚多，且有与第六段混为一谈者，贻误世人，不知几许，故特加改正，并指其谬，以告学者。其与第八段不同之处，但须两下参看，不难领悟也。

行第八段功夫既畢。休息片刻。再續行第九段。全身直立。頭正目前視。上身須直。閉口鼓氣如前。兩足緊並。將兩大指屈置掌心。而以餘四指握其外。拳握甚鬆。然後將兩拳從下面提起。務須在正方前上提。提至腹前。則屈其兩肱。向上翻起。至當面爲度。掌心向外。兩拳面則斜向鼻尖之兩旁。肘臂屈成三角形。兩拳相距約三寸許。然後更將拳徐徐握緊。以至極度。同時將小臂用力向內翻轉。大臂則用力向前逼出。肘節則向後面分引。各部同時運用氣力。略事停頓之後。再徐徐放鬆雙拳。收回各部氣力。以復于原來情狀。如此一緊一鬆爲一度。自始至終。共行四十九度而功畢。式如第九圖。

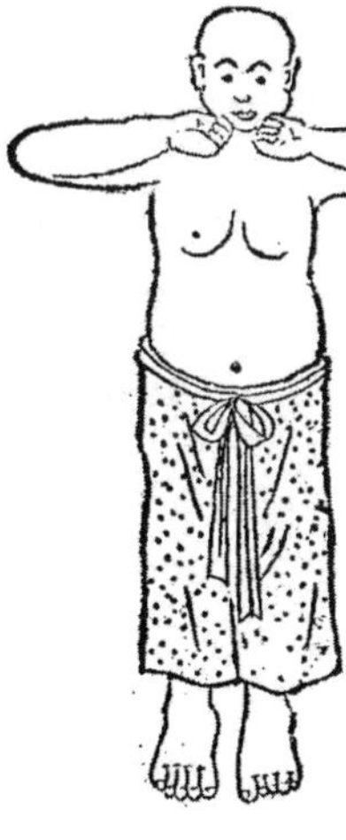

（第九圖）

按此段在翻肱向上時。宜似握千鈞重物向上翻提之狀。雖手中並未有物。心中當作如是想也。此段坊本錯誤者甚多。且有與第六段混爲一談者。貽誤世人。不知幾許。故特加改正。並指其謬。以告學者。其與第八段不同之處。但須兩下參看。不難領悟也。

第十段

行毕第九段功夫之后，休息片刻，再续行此段。正立如前，两足紧并，昂首挺胸，睁目突视，闭口屏息，鼓气于中。将两拇指屈置掌心，而以其余四指握之成拳，并不甚紧，虎口贴腿，掌心向后，乃将两臂从前面举起。至平肩之时，乃运肘力向左右两旁分去，与肩尖相平；同时，两肱亦向上竖起，举直为度。此时两臂与头，适成一山字形，掌心向前，虎口向两耳。略事停顿之后，徐徐将拳紧握，以至极度；同时，两臂用力向上托，如手托千斤之势，两肘节则向外逼出，如欲使之凑合者，但皆用虚力，而并非有形之动作也。如此停顿片刻，即徐徐松手。如此一紧一松为一度，共行四十九而功毕。式如第十图。

按：此段乃练气力之上行，除握拳之外，其余皆非有形之动作，亦运意使力之法也，拳家所谓意到神到而力随之者是也。坊间俗本，不知此中奥旨，竟皆演有形之动

△第十段

行畢第九段功夫之後。休息片刻。再續行此段。正立如前。兩足緊並。昂首挺胸。睜目突視。閉口屏息。鼓氣于中。將兩拇指屈置掌心。而以其餘四指握之成拳。並不甚緊。虎口貼腿。掌心向後。乃將兩臂從前面舉起。至平肩之時。乃運肘力向左

（第十圖）

右兩旁分去。與肩尖相平。同時兩肱亦向上豎起。舉直爲度。此時兩臂與頭。適成一山字形。掌心向前。虎口向兩耳。略事停頓之後。徐徐將拳緊握。以至極度。同時兩臂用力向上托。如手托千斤之勢。兩肘節則向外逼出。如欲使之湊合者。但皆用虛力。而並非有形之動作也。如此停頓片刻。即徐徐鬆手。如此一緊一鬆爲一度。共行四十九而功畢。式如第十圖。

按此段乃練氣力之上行。除握拳之外。其餘皆非有形之動作。亦運意使力之法也。拳家所謂意到神到而力隨之者是也。坊間俗本。不知此中奧旨。竟皆演有形之動

作，则势乱神散，而欲收效，其可得乎？荒谬之处，学者宜审思而明辨之，庶不至自误也。

第十一段

行第十段功夫既毕，休息片刻，再续行第十一段。全身正立，两足紧并，昂首突视，闭口鼓气如前。两手则各先将四指屈置掌心，而以拇指护其外，握成极松之拳，乃运用臂肘之力，将拳向上提起，置于小腹之前恰当脐轮之两侧，肘微屈，虎口斜对，拳面向下，掌心向内，拳距腹约一寸左右。略事停顿，即将每手之四指，徐徐紧握，以至极度，而两拇指则用力上翘，愈高愈妙。两臂虽不做有形之动作，但气力却须上提，不可下注，似提千钧重物之状。停顿片刻，再将拇指徐徐放下，四指徐徐放松，而将两臂之气力，缓缓下注。如此一紧一松为一度，自始至终，共行九度，本段功夫毕矣。式如第十一图。

按：此段功夫，乃运气升降之法，在紧握之时，则自鼻中吸入清气一口；在放松之

作。則勢亂神散。而欲收效。其可得乎。荒謬之處。學者宜審思而明辨之。庶不至自誤也。

△第十一段

行第十段功夫既畢。休息片刻。再續行第十一段。全身正立。兩足緊並。昂首突視。閉口鼓氣如前。兩手則各先將四指屈置掌心。而以拇指護其外。握成極鬆之拳。乃運用臂肘之力。將拳向上提起。置于小腹之前恰當臍輪之兩側。肘微屈。虎口斜對。拳面向下。掌心向內。拳距腹約一寸左右。略事停頓。即將每手之四指。徐徐緊握。以至極度。而兩拇指則用力上翹。愈高愈妙。兩臂雖不做有形之動作。但氣力却須上提。不可下注。似提千鈞重物之狀。停頓片刻。再將拇指徐徐放下。四指徐徐放鬆。而將兩臂之氣力。緩緩下注。如此一緊一鬆爲一度。自始至終。共行九度。本段功夫畢矣。式如第十一圖。

(第十一圖)

按此段功夫。乃運氣升降之法。在緊握之時。則自鼻中吸入清氣一口。在放鬆之

时，则自口中吐出浊气一口。唯须行之徐缓，吸须吸尽，吐须吐尽，切不可失调或中途停顿，致内部受到意外之震激。运力上提，本为无形之动作，两肩切不可向上耸起，是为至要。

第十二段

行第十一段功夫即毕，休息片刻，再续行第十二段。全身正立，两足紧并，昂首突视，闭口鼓气如前。两臂直垂，指尖向下，掌心向前，乃将臂徐徐从前面举起，平肩为度，大指在外，掌心向天，两手中间之距离，与肩膀之阔度相等。在两手上举之际，两踵亦同时提起，以离地二寸许为度。略略停顿之后，两手徐徐放下，两踵亦轻轻落地。如此起落各行十二度，再举掌如前。手掌向上一抬，肘即向下一扎；同时，两踵提起，再轻轻收回，恢复原状。踵落地之后，即将足趾向上跷起，离地以一寸为度。如此亦连续行十二度而全功毕矣。

按：此段乃舒展全身筋络血脉之法。盖以上十一段功夫，各有功效，行时气力不免偏注，

時。則自口中吐出濁氣一口。惟須行之徐緩。吸須吸盡。吐須吐盡。切不可失調或中途停頓。致內部受到意外之震激。運力上提。本爲無形之動作。兩肩切不可向上聳起。是爲至要。

△第十二段

行第十一段功夫即畢。休息片刻。再續行第十二段。全身正立。兩足緊並。昂首突視。閉口鼓氣如前。兩臂直垂。指尖向下。掌心向前。乃將臂徐徐從前面舉起。平肩爲度。大指在外。掌心向天。兩手中間之距離。與肩膀之闊度相等。在兩手上舉之際。兩踵亦同時提起。以離地二寸許爲度。略略停頓之後。兩手徐徐放下。兩踵亦輕輕落地。如此起落各行十二度。再舉掌如前。手掌向上一抬。肘即向下一扎。同時兩踵提起。再輕輕收回。恢復原狀。踵落地之後。即將足趾向上蹺起。離地以一寸爲度。如此亦連續行十二度而全功畢矣。

按此段乃舒展全身筋絡血脉之法。蓋以上十一段功夫。各有功效。行時氣力不免偏注。

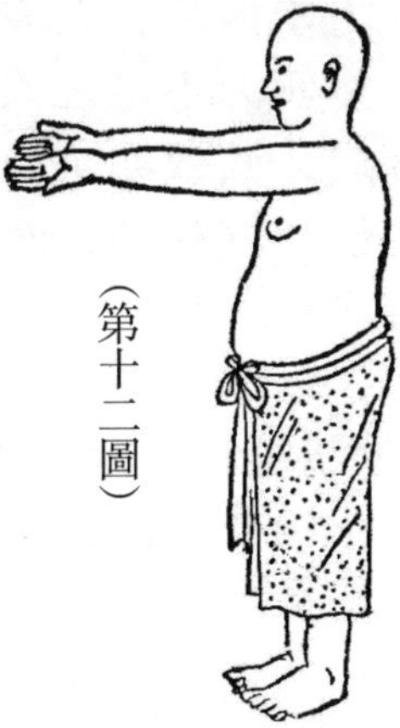

(第十二圖)

故必须用此一段以调和之，而使气力偏注于全体各部，无太过不及之病。是亦犹打拳者于一趟既毕之后，必散步片刻，然后休息也。综上述十二段功夫，每日勤习，则三年之后，必可有成，而气力相随，无往而不可矣。

易筋经后部练习法

前部易筋经十二段，虽亦注重于气力相随，唯犹以力为主，刚多柔少，即以力行气之法也。练习成功之后，虽可以气力相随，但欲其遍及全身，流行于内膜而无所阻核，尚难如愿以偿。欲达到此种程度，必须前部易筋经练成之后，再接续此后部。但亦不能入手即练后部，因此步功夫，完全注重于运行气力于内膜，以充实其全身之筋肉，而不在于增加实力。然实力不足之人，欲其气力运行，固不易言，即算能练成，其效亦至微弱。所以须先练前部者盖亦增加实力，使与气相随，然后更进而练习后部，于纯柔之中求运行之道，自易于入手，且收效亦较为神速也。故单练前部，不练后部则可，单练后部则不可也。因单练前部，气力纵未能运行于内膜，然较未练时必增加数倍，而收身强力壮之效，即不再进步而求其能于运行内膜，亦足

故必須用此一段以調和之。而使氣力偏注于全體各部。無太過不及之病。是亦猶打拳者于一趟既畢之後。必散步片刻。然後休息也。綜上述十二段功夫。每日勤習。則三年之後。必可有成。而氣力相隨。無往而不可矣。

易筋經後部練習法

前部易筋經十二段。雖亦注重于氣力相隨。惟猶以力爲主。剛多柔少即以力行氣之法也。練習成功之後。雖可以氣力相隨。但欲其偏及全身。流行于内膜而無所阻核。尚難如願以償。欲達到此種程度。必須前部易筋經練成之後。再接續此後部。但亦不能入手即練後部。因此步功夫。完全注重于運行氣力于内膜。以充實其全身之筋肉。而不在于增加實力。然實力不足之人。欲其氣力運行。固不易言。即算能練成。其效亦至微弱。所以須先練前部者蓋亦增加實力。使與氣相隨。然後更進而練習後部。于純柔之中求運行之道。自易于入手。且收效亦較爲神速也。故單練前部。不練後部則可。單練後部則不可也。因單練前部。氣力縱未能運行于内膜。然較未練時必增加數倍。而收身强力壯之效。即不再進步而求其能于運行内膜。亦足以却病延年矣。若后部则专讲运行之道，单单练此，毫无用处，所谓徒劳无功者是矣。凡练少林内功者，对于此事，不可不知。兹且将后部易筋经十二段各法，列举于下，以便练习。

第一段

先盘膝而坐，以右脚背加于左大腿之上面，更将左脚从右膝外扳起，以左脚背加于右大腿之上面，使两足心皆向上。此为双盘趺坐法，即寻常打坐，亦多用此法，唯须练习有素，始能自然。坐时身宜正直，且不能有所依傍，而坐于木板之上。因棕藤之垫，质软而有弹力，易使人身体偏侧，故不相宜。两手则紧握双拳，四指屈于内，而以拇指护其外，两拳放于膝头之上，须纯听其自然，不可稍微用力。将双睫下垂，眼露一缝，口紧闭，上下牙关相切，舌舐于牙关之内，冥心屏息。周身完全不用丝毫勉强之力，唯将精气神三者，用意想之法，而注于丹田。在入手之初，决不能立时汇合，唯如此凝思存神，日久自有功效。式如第一图。

以却病延年矣。若後部則專講運行之道。單單練此。毫無用處。所謂徒勞無功者是矣。凡練少林内功者。對于此事。不可不知。茲且將後部易筋經十二段各法。列舉于下。以便練習。

△第一段

（第一圖）

先盤膝而坐。以右腳背加于左大腿之上面。更將左腳從右膝外扳起。以左腳背加于右大腿之上面。使兩足心皆向上。此爲雙盤趺坐法。即尋常打坐。亦多用此法。惟須練習有素。始能自然。坐時身宜正直。且不能有所依傍。而坐于木板之上。因棕籐之墊。質軟而有彈力。易使人身體偏側。故不相宜。兩手則緊握雙拳。四指屈于内。而以拇指護其外。兩拳放于膝頭之上。須純聽其自然。不可稍微用力。將雙睫下垂。眼露一縫。口緊閉。上下牙關相切。舌舐于牙關之内。冥心屏息。周身完全不用絲毫勉强之力。惟將精氣神三者。用意想之法。而注于丹田。在入手之初。決不能立時會合。惟如此凝思存神。日久自有功效。式如第一圖。

按：此段在未行功之先，因心中杂念，一时不易完全消灭。杂念不消，则心神不宁；心神不宁，则精神涣散，行功等于不行，绝不能收到丝毫效果。故先用此法消其杂念，然后行功，自无妨碍，所以必注想于丹田者盖以其为内府之中宫也。

第二段

行第一段功夫，大约以一炊时为度，然后更续行第二段。趺坐如前，两足并不放开，身体亦完全不动，唯两手则将握掌之指，徐徐放开，以舒直为度。然后将两臂缓缓从侧旁举起，掌心向上。举至平肩之时，则屈肱内引，由头上抄至后面；同时，翻转手腕，使掌心向前，大指在下，至玉枕穴后面时，两手渐渐接合，十指交叉，而抱持其后头，两手之掌根，适按于耳门穴之上，两臂则成三角形。抱时不宜有有形之力。头略后仰，胸稍前突，唯在两手动作之际，躯干各部，不宜稍有震动，心意仍须注在丹田。既抱住头颅之后，略事停顿，即提气上升，意想此一口气似由丹田而起，经过脐轮，上达心包，而过喉结，直至顶门而停留片时。再使由顶门向后转

按此段在未行功之先。因心中雜念。一時不易完全消滅。雜念不消。則心神不寧。心神不寧。則精神渙散。行功等于不行。決不能收到絲毫效果。故先用此法消其雜念。然後行功。自無妨礙。所以必注想于丹田者蓋以其爲內府之中宮也。

(第二圖)

△第二段

行第一段功夫。大約以一炊時爲度。然後更續行第二段。趺坐如前。兩足並不放開。身體亦完全不動。惟兩手則將握掌之指。徐徐放開。以舒直爲度。然後將兩臂緩緩從側旁舉起。掌心向上。舉至平肩之時。則屈肱內引。由頭上抄至後面。同時翻轉手腕。使掌心向前。大指在下。至玉枕穴後面時。兩手漸漸接合。十指交叉。而抱持其後頭。兩手之掌根。適按于耳門穴之上。兩臂則成三角形。抱時不宜有形之力。頭略後仰。胸稍前突。惟在兩手動作之際。軀幹各部。不宜稍有震動。心意仍須注在丹田。既抱住頭顱之後。略事停頓。即提氣上升。意想此一口氣似由丹田而起。經過臍輪。上達心包。而過喉結。直至頂門而停留片時。再使由頂門向後轉下，经玉枕穴由颈椎缘脊而下，过尾闾抄至海底，再转上而回至丹田。初行时不过一种意想，气力必不能遵此途径而运行自在，唯练习既久，自有成效。唯行此功夫时，须一切纯任自然，不可有丝毫勉强，且不可过于贪功，是学者宜注意者也。式如第二图。

按：此一段功夫，乃使气力转运循环之法。盖顶门之百会穴，实为首部要区；而脐下之丹田穴，实为内府宝库，同一紧要。故气力上升，则贮于百会；气力下降，则归于丹田。一升一降，即周天循环之道；一起一伏，亦阴阳造化之机。所以须一切纯任自然者，盖本乎先天之静穆，而致后天之生动也。练习时以循环二度而停止，乃将双手放开，握拳收置于两膝之上，回复原状。

第三段

行第二段功夫既毕之后，乃将圈盘之腿，缓缓放下，略事休息，使腿部之筋骨，得以舒展，气血不至因而壅阻。但在此休息之时，心神犹须宁静，切不可有丝毫杂念兴起。一炊时后，再将两足徐徐向前伸去，至腿部平直为度。两腿紧并，两足跟之后部放于板

下。經玉枕穴由頸椎緣脊而下。過尾閭抄至海底。再轉上而回至丹田。初行時不過一種意想。氣力必不能遵此途徑而運行自在。惟練習既久。自有成效。惟行此功夫時。須一切純任自然。不可有絲毫勉强。且不可過于貪功。是學者宜注意者也。

按此一段功夫。乃使氣力轉運循環之法。蓋頂門之百會穴。實爲首部要區。而臍下之丹田穴。實爲内府寶庫。同一緊要。故氣力上升。則貯于百會。氣力下降。則歸于丹田。一升一降。即周天循環之道。一起一伏。亦陰陽造化之機。所以須一切純任自然者。蓋本乎先天之静穆。而致後天之生動之。練習時以循環二度而停止。乃將雙手放開。握拳收置于兩膝之上。回復原狀。

△第三段

行第二段功夫既畢之後。乃將圈盤之腿。緩緩放下。略事休息。使腿部之筋骨。得以舒展。氣血不至因而壅阻。但在此休息之時。心神猶須寧静。切不可有絲毫雜念興起。一炊時後。再將兩足徐徐向前伸去。至腿部平直爲度。兩腿緊並。兩足跟之後部放于板

（第三圖）

上，蹠则直竖，足心向前，足尖向上，更将上身徐徐下俯。两手则从旁侧抄向前方，至足前时，乃交叉十指，收住两足。须将两足用力向前伸挺，而两手则向后拉引，方为得力，腰背两部，始克因之而紧张。成此姿势之后，乃将贮留丹田之气，运于肩背腰股各部。初时亦仅意想可到，练至功夫渐深，则气力亦可随之俱到矣。行此一段功夫，亦以一炊时为度，然后徐徐放开，回原来之平坐状态。式如第三图。

按：此一段，乃充实软裆各部之法，其主要之处则在乎腰间。因此一部，在人身各部之中为最软弱，气力亦最不易贯注，故行时必须俯身至极度，然后始能使腰部之筋肉紧张；筋肉紧张之后，气力亦较易达到。勤加练习，自有妙用。唯身体起落之时，务徐缓，切不可向左右摆动，以乱其神而散其气，是为最要。学者慎之。

第四段

行第三段功夫既毕，略略休息，更续行第四段。先将两脚徐徐盘起，以右脚背置于左大腿上面，然后将左脚从右膝外扳起，放于右大

上。蹠則直竪。足心向前。足尖向上。更將上身徐徐下俯。兩手則從旁側抄向前方。至足前時。乃交叉十指。收住兩足。須將兩足用力向前伸挺。而兩手則向後拉引。方爲得力。腰背兩部。始克因之而緊張。成此姿勢之後。乃將貯留丹田之氣。運于肩背腰股各部。初時亦僅意想可到。練至功夫漸深。則氣力亦可隨之俱到矣。行此一段功夫。亦以一炊時爲度。然後徐徐放開。回原來之平坐狀態。式如第三圖。按此一段。乃充實軟當各部之法。其主要之處。則在乎腰間。因此一部。在人身各部之中爲最軟弱。氣力亦最不易貫注。故行時必須俯身至極度。然後始能使腰部之筋肉緊張。筋肉緊張之後。氣力亦較易達到。勤加練習。自有妙用。惟身體起落之時。務徐緩。切不可向左右擺動。以亂其神而散其氣。是爲最要。學者慎之。

(第四圖)

△第四段

行第三段功夫既畢。略略休息。更續行第四段。先將兩脚徐徐盤起。以右脚背置于左大腿上面。然後將左脚從右膝外扳起。放于右大腿之上面，两脚心皆向天，成为双盘坐之势。唯在两脚盘坐时，上身切忌向前后或左右摇动。坐定之后，宁神一志，注气于丹田，摒除一切杂念。稍事停顿，两手即徐徐翻腕，使掌心向外。然后两臂从左右两侧缓缓上举，至顶门上面相合，交叉十指。再将腕向前翻转，而使掌心向上，两掌用力上托；同时，运用其气，使从丹田向上提起，转入两臂，而达于指掌。亦用以意役神，以神役气之法，并无有形之动作，唯意念之专注耳。行此一段功夫，亦以一炊时为度。然后徐徐将手松开，将两臂仍从旁侧落下，运气下降，回复原状。式如第四图。

按：此段乃行气于臂指之法，较第三段为难。因臂部肌肉坚实，气不易行，如欲练至意到气达，气到力随之境，非短时间能奏效，颇费苦功也。其所以须盘坐而行者，固实其下盘也。架手于顶门，则可使全身上提，正直得势，使气易于上达，更不至中途所阻核也。在两手动作之时，务须徐缓而固其神气，不可粗率也。

第五段

行第四段功夫既毕之后，乃将所盘之两足，徐徐放开，向前伸去，以腿直为度。两足相并，以足跟之后部，放于板上，足心则向前，足尖则向上，与第三段之起手时

腿之上面。兩脚心皆向天。成爲雙盤坐之勢。惟在兩脚盤坐時。上身切忌向前後或左右搖動。坐定之後。寧神一志。注氣于丹田。摒除一切雜念。稍事停頓。兩手即徐徐翻腕。使掌心向外。然後兩臂從左右兩側緩緩上舉。至頂門上面相合。交叉十指。再將腕向前翻轉。而使掌心向上。兩掌用力上托。同時運用其氣。使從丹田向上提起。轉入兩臂。而達于指掌。亦用以意役神。以神役氣之法。並無有形之動作。惟意念之專注耳。行此一段功夫。亦以一炊時爲度。然後徐徐將手鬆開。將兩臂仍從旁側落下。運氣下降。回復原狀。式如第四圖。

按此段乃行氣于臂指之法。較第三段爲難。因臂部肌肉堅實。氣不易行。如欲練至意到氣達。氣到力隨之境。非短時間能奏效。頗費苦功也。其所以須盤坐而行者。固實其下盤也。架手于頂門。則可使全身上提。正直得勢。使氣易于上達。更不至中途所阻核也。在兩手動作之時。務須徐緩而固其神氣。不可粗率也。

△第五段

行第四段功夫既畢之後。乃將所盤之兩足。徐徐放開。向前伸去。以腿直爲度。兩足相並。以足跟之後部。放于板上。足心則向前。足尖則向上。與第三段之起手時相同。略略休息之后，即续行第五段功夫。先将两手由两旁侧之下面，徐徐移向后方，至尾闾穴之后，两手相合，交叉十指。将腕翻转，使掌心向正后方，而两手背则贴于尾闾穴之两旁，须要贴得紧紧，不可稍有松浮。两肩头则用力向前逼出，兼向上耸，务使肩背部分之筋肉，紧张异常。然后用意想之法，运用其气力，使充实其肩背。起初不过意行，久后自能达到。行此一段功夫，亦以一炊时为度，然后徐徐收回双手，回复原状。式如第五图。

按：肩背等部，骨多筋杂，皮肉极薄而坚实异常，故气力之不易运行与臂指相等。练习亦颇不易，收效之迟缓，较诸上一段为尤甚，然能下苦功，亦必有成。此段之所以两手放于后面，及两肩前逼而兼上耸者，无非欲使肩背部分之筋肉紧张，而易于运行其气，使之到达，不致多所阻核也。唯在运气之时，并无有形之动作，纯以意行耳。

第六段

相同。略略休息之後。即續行第五段功夫。先將兩手由兩旁側之下面。徐徐移向後方。至尾閭穴之後。兩手相合。交叉十指。將腕翻轉。使掌心向正後方。而兩手背則貼于尾閭穴之兩旁。須要貼得緊緊。不可稍有鬆浮。兩肩頭則用力向前逼出。兼向上聳。務使肩背部分之筋肉。緊張异常。然後用意想之法。運用其氣力。使充實其肩背。起初不過意行。久後自能達到。行此一段功夫。亦以一炊時爲度。然後徐徐收回雙手。回復原狀。式如第五圖。

（第五圖）

按肩背等部。骨多筋雜。皮肉極薄而堅實异常。故氣力之不易運行。與臂指相等。練習亦頗不易。收效之遲緩。較諸上一段爲尤甚。然能下苦功。亦必有成。此段之所以兩手放于後面。及兩肩前逼而兼上聳者。無非欲使肩背部分之筋肉緊張。而易于運行其氣。使之到達。不致多所阻核也。惟在運氣之時。并無有形之動作。純以意行耳。

△第六段

行第五段功夫既毕，略事休息，然后续行第六段。先将两足收回，成盘坐之状，以右脚背放于左大腿上面，更将左脚从右膝之外面扳起，亦将脚背放于右大腿上面，使成双盘坐法，与第一段相同。两足动作时，上身切忌摇动。坐定之后，先将两手从旁移至前面，至脐下时，两手相合，而交叉其十指，翻腕向内，以掌心捧住少腹。初时并不用力，冥心存念，略定神思，然后运气由丹田而注于肾囊，以活动其睾丸。停顿少许时，乃提气上升，以回原处，做似欲将两睾丸吸入腹中之想。在提气上升之际，同时两手心亦渐渐用力，略做向上摩起之势。略停片刻，更运气注于肾囊。如此升降各十二度而功毕。式如第六图。

按：肾囊为人身最要之物，睾丸又极嫩弱，稍受外力，即易破损。此一段功夫，乃专练收敛睾丸之法，即世称之敛阴功是也。在初练之时，睾丸必难随气升降，然练习稍久，即易活动，反较运气于肩背等为易于收效。因肾囊为筋络所成，中空而运接于少腹，与丹田相距甚近，故气力易于运到，待练习既久，睾丸自能随气升降矣。

行第五段功夫既畢。略事休息。然後續行第六段。先將兩足收回。成盤坐之狀。以右脚背放于左大腿上面。更將左脚從右膝之外面扳起。亦將脚背放于右大腿上面。使成雙盤坐法。與第一段相同。兩足動作時。上身切忌搖動。坐定之後。先將兩手從旁移至前面。至臍下時。兩手相合。而交叉其十指。翻腕向內。以掌心捧住少腹。初時並不用力。冥心存念。略定神思。然後運氣由丹田而注于腎囊以活動其睾丸。停頓少許時。乃提氣上升。以回原處。做似欲將兩睾丸吸入腹中之想。在提氣上升之際。同時兩手心。亦漸漸用力。略做向上摩起之勢。略停片刻。更運氣注于腎囊。如此升降各十二度而功畢。式如第六圖。

（第六圖）

按腎囊爲人身最要之物。睾丸又極嫩弱。稍受外力。即易破損。此一段功夫。乃專練收斂睾丸之法。即世稱之斂陰功是也。在初練之時。睾丸必難隨氣升降。然練習稍久。即易活動。反較運氣于肩背等爲易于收效。因腎囊爲筋絡所成。中空而運接于少腹。與丹田相距甚近。故氣力易于運到。待練習既久。睾丸自能隨氣升降矣。

此功练成，人纵欲取我下部而制我之命，亦无从下手矣。

第七段

行第六段功夫毕，略事休息，更续行第七段。上身及两腿，完全不动，就原式略略加以停顿耳。两手则从少腹上徐徐撤下，移向两股之侧，按于板上，大指在内，指尖则向前面，掌按板面，不宜过分用力，但求其能相贴合耳。心神既定之后，则将两臂徐徐用力下注，意欲将上身做向上升起之状，唯并非有形之动作；同时，提气上升，使充于胸廓，停滞不动。历一呼吸之久，再将气从原道降下，停于丹田，而两臂之力，亦同时松弛，回复原状。更隔一呼吸时，再提气上升如前。如此升降各十二度为止。此段功夫，虽不甚难，但在初入手时，亦不免有所阻碍，须经过若干时后，始克升降自如。式如第七图。

按：此一段功夫，乃充实胸廓之法。运气于内，固较行于筋膜之间为易，唯运行虽易，而停滞一事，极为烦难。若神气未能完固之人，决难达到此目的，此即道家所谓凝神铸气之法也。初入手时，未能久停，为时不妨稍暂，以后遂渐加长可也，是

此功練成。人縱欲取我下部而制我之命。亦無從下手矣。

△第七段

行第六段功夫畢。略事休息。更續行第七段。上身及兩腿。完全不動。就原式略略加以停頓耳。兩手則從少腹上徐徐撤下。移向兩股之側。按于板上。大指在內。指尖則向前面。掌按板面。不宜過分用力。但求其能相貼合耳。心神既定之後。則將兩臂徐徐用力下注。意欲將上身做向上升起之狀。惟並非有形之動作。同時提氣上升。使充于胸廊。停滯不動。歷一呼吸之久。再將氣從原道降下。停于丹田。而兩臂之力。亦同時弛鬆。回復原狀。更隔一呼吸時。再提氣上升如前。如此升降各十二度爲止。此段功夫。雖不甚難。但在初入手時。亦不免有所阻礙。須經過若幹時後。始克升降自如。式如第七圖。

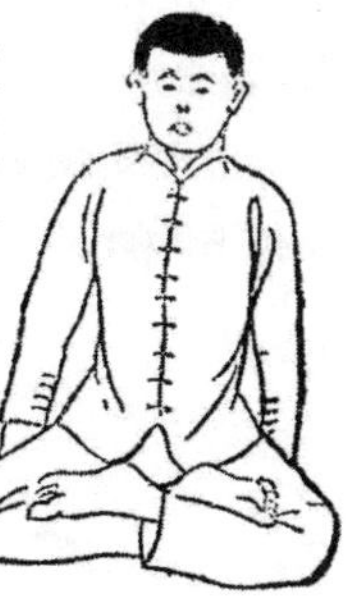
（第七圖）

按此一段功夫。乃充實胸廓之法。運氣于內。固較行于筋膜之間爲易。惟運行雖易。而停滯一事。極爲煩難。若神氣未能完固之人。決難達到此目的。此即道家所謂凝神鑄氣之法也。初入手時。未能久停。爲時不妨稍暫。以後遂漸加長可也。是在学者自己斟酌之。

第八段

行第七段功夫既毕之后，即就原式略事休息，调和气力使稍弛展，然后再续行第八段。此段上身与两足皆不动，一如以上二段之姿势，唯将两手提起，使离开板面，然后徐徐向前移去，绕至两脚心之上面，即以左掌心紧按右足心，右掌心紧按左足心，即以中渚穴紧对涌泉穴也。大指在内，指尖相对，两屈肘微，臂部并不用十分气力，但以手足两心贴合为度。略略停顿之后，始将两臂稍微用力撑柱；同时，将气从丹田中运行而出，使之从下抄左，转上绕右方而下回至丹田，在脐之四周绕一圆圈，上及肚子之下，旁及前腰。如此运行一周之后，即休息一呼吸时，再为运行，以九度为止。若为女子，则宜自右而左。式如第八图。

按：此段乃炼气充实肚腹之法，而兼及于腰肾之前部者。行时宜先鼓足其气，使之略一停滞，然后再运之循轨而行，似较稍易。唯在运行之时，非但外表不宜显有形之

在學者自己斟酌之。

△第八段

行第七段功夫既畢之後。即就原式略事休息。調和氣力使稍弛展。然後再續行第八段。此段上身與兩足皆不動。一如以上二段之姿勢。惟將兩手提起。使離開板面。然後徐徐向前移去。繞至兩脚心之上面。即以左掌心緊按右足心。右掌心緊按左足心。即以中渚穴緊對涌泉穴也。大指在內。指尖相對。肘微兩屈。臂部並不用十分氣力。但以手足兩心貼合爲度。略略停頓之後。始將兩臂稍微用力撐柱。同時將氣從丹田中運行而出。使之從下抄左。轉上繞右方而下。回至丹田。在臍之四周繞一圓圈。上及肚子之下。旁及前腰。如此運行一周之後。即休息一呼吸時。再爲運行。以九度爲止。若爲女子。則宜自右而左。式如第八圖。

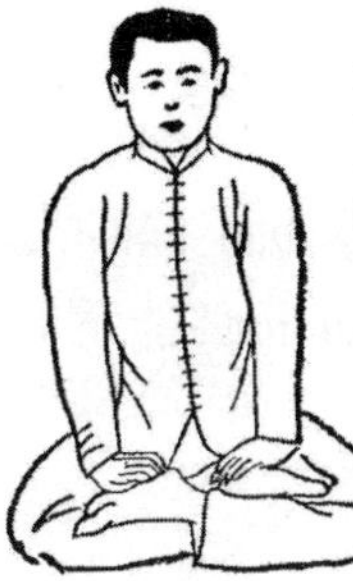

（第八圖）

按此段乃煉氣充實肚腹之法。而兼及于腰腎之前部者。行時宜先鼓足其氣。使之略一停滯。然後再運之循軌而行。似較稍易。惟在運行之時。非但外表不宜顯有形之动作，如身体动摇等，即内部亦不宜有迸气挣力之相，须纯任其自然。初时固未必能尽如我意，久后必可成功也。

第九段

行第八段功夫既毕之后，仍就双盘坐之原式，略事休息。上身与腿足，完全不动，一如上式，唯将两手徐徐至侧面，仍按于板上。休息约三个呼吸时，则续行此第九段。先将右手在前面徐徐向斜上方屈肱举起，至左肩之上，即用手掌搭于肩上，掌心适按于肩窝穴上，五指则在肩后，肱紧贴于胸胁前面。然后再将左手亦从前面向斜上方徐徐屈肱举起，左掌心按住右肩窝穴。肱则紧贴于右肱之外侧，用力缓缓搿紧，而使其肩背之筋肉，紧张至极度；同时，则运用丹田之气，使之上升，而充实其肩背之内部。初时决难气随神到，但宜用意想之法行之，日久之后，自能运行无阻。式如第九图。

按：此一段亦系行气于肩背之法。肩背以筋杂肉薄之故，气力殊不易运到；唯其不易运到，故须多练，而此后部易筋经中，对于练习肩背之法独多，亦以此也。行时所

動作。如身體動搖等。即內部亦不宜有迸气掙力之象。須純任其自然。初時固未必能盡如我意。久後必可成功也。

△第九段

行第八段功夫既畢之後。仍就雙盤坐之原式。略事休息。上身與腿足。完全不動。一如上式。惟將兩手徐徐至側面。仍按于板上。休息約三個呼吸時。則續行此第九段。先將右手在前面徐徐向斜上方屈肱舉起。至左肩之上。即用手掌搭于肩上。掌心適按于肩窩穴上。五指則在肩後。肱緊貼于胸脅前面。然後再將左手亦從前面向斜上方徐徐屈肱舉起。左掌心按住右肩窩穴。肱則緊貼于右肱之外側。用力緩緩掙緊。而使其肩背之筋肉。緊張至極度。同時則運用丹田之氣。使之上升。而充實其肩背之內部。初時決難氣隨神到。但宜用意想之法行之。日久之後。自能運行無阻。式如第九圖。

（第九圖）

按此一段亦系行氣于肩背之法。肩背以筋雜肉薄之故。氣力殊不易運到。惟其不易運到。故須多練。而此後部易筋經中。對于練習肩背之法獨多。亦以此也。行時所以必两手抱肩，紧聚相搿者，亦正欲使其肩背紧张，而气易于贯注也。

第十段

行第九段功夫毕，先将左手徐徐落下，按于板上，再要右手落下按板，然后将圈盘之两腿，徐徐放开，直伸于前，略事休息，更续行第十段。须将两脚收回，屈膝而跪，两腿紧紧相靠，脚背贴板，臀部坐于小腿之上面，尾闾则紧靠两脚跟，上身略向后仰，头正目前视。但经此一番动作，心神必外瞀，故须休息片时，加以收摄。心神既定，则徐徐将两手从侧面抄至前下方，屈肱向上举起，至心窝旁两乳下为度，乃将两手掌轻轻按于胁上，两肘则略略用力后引，唯非有形动作。按定之后，即将气提之上升，用意想之法，使之充满于两乳房。停滞不动，历一呼吸之久，仍从原路使之下降，如此升降各九度而止。式如第十图。

按：乳房在胸前亦系主要之部分，而膺窗、乳根等大穴，皆在于此，若不练气之充实，最易为外力所伤，与敛阴一段功夫，实有同等之紧要。此段之所跪行者，盖欲使上

以必兩手抱肩。緊聚相搿者。亦正欲使其肩背緊張。而氣易于貫注也。

△第十段

行第九段功夫畢。先將左手徐徐落下。按于板上。再要右手落下按板。然後將圈盤之兩腿。徐徐放開。直伸于前。略事休息。更續行第十段。須將兩脚收回。屈膝而跪。兩腿緊緊相靠。脚背貼板臀部坐于小腿之上面。尾閭則緊靠兩脚跟。上身略向後仰。頭正目前視。但經此一番動作。心神必外瞀。故須休息片時。加以收攝。心神既定。則徐徐將兩手從側面抄至前下方。屈肱向上舉起。至心窩旁兩乳下爲度。乃將兩手掌輕輕按于脅上。兩肘則略略用力後引。惟非有形動作。按定之後。即將氣提之上升。用意想之法。使之充滿于兩乳房。停滯不動。歷一呼吸之久。仍從原路使之下降。如此升降各九度而止。式如第十圖。

（第十圖）

按乳房在胸前亦系主要之部分。而膺窗乳根等大穴。皆在于此。若不練氣之充實。最易爲外力所傷。與斂陰一段功夫。實有同等之緊要。此段之所跪行者。蓋欲使上身正直，而气易于运行也。两手按胁者，即所以示气循行之路也。

第十一段

行第十段功夫既毕，即就原式略息片时，两手则徐徐放下，垂于旁侧稍稍舒展，续行第十一段。先将两手稍微举起，徐徐移向前面，至膝盖之上，乃将右掌心按于右膝盖，左掌心按于左膝盖，即膝骨与腿骨接合之处。大指在内，指尖向前，两臂稍为用力做撑柱之状，上身则向后做倚靠之势，头则后仰至极度。心神既定之后，则将气提之上升，经脐轮心坎等部而上起，至喉结穴而停留不动，使喉部充实。如此历一呼吸时，仍将气下降，停滞丹田。亦经一呼吸之时，再运气上升而充注于喉结穴。如此升降各九次后乃将上身徐徐坐直，头亦下俯，两手亦收回垂两侧，回复原状。式如第十一图。

按：咽喉为人身最要之地，生死关头之所系，且喉管为一软骨，虽有筋肉护于其外，奈极薄弱，故此部最易受伤，稍重即足制命，故必须加以锻炼。若能运气于喉，而充实其内部，功夫精纯时即快刀利剑，亦不足以损其毫发矣。唯此部功夫，亦极不

身正直。而氣易于運行也。兩手按脅者。即所以示氣循行之路也。

△第十一段

行第十段功夫既畢。即就原式略息片時。兩手則徐徐放下。垂于旁側稍稍舒展。續行第十一段。先將兩手稍微舉起。徐徐移向前面。至膝蓋之上。乃將右掌心按于右膝蓋。左掌心按于左膝蓋。即膝骨與腿骨接合之處。大指在內。指尖向前。兩臂稍爲用力做撐柱之狀。上身則向後做倚靠之勢。頭則後仰至極度。心神既定之後。則將氣提之上升。經臍輪心坎等部而上起。至喉結穴而停留不動。使喉部充實。如此歷一呼吸時。仍將氣下降。停滯丹田。亦經一呼吸之時。再運氣上升而充注于喉結穴。如此升降各九次後乃將上身徐徐坐直。頭亦下俯。兩手亦收回垂兩側。回復原狀。式如第十一圖。

（第十一圖）

按咽喉爲人身最要之地。生死關頭之所繫。且喉管爲一軟骨。雖有筋肉護于其外。奈極薄弱。故此部最易受傷。稍重即足制命。故必須加以煅煉。若能運氣于喉。而充實其內部。功夫精純時即快刀利劍。亦不足以損其毫髮矣。惟此部功夫。亦極不易练耳。

第十二段

行第十一段功夫既毕，则将上身拾起，而使两足徐徐舒展，直伸于前。略事休息后，即收起两足盘坐，仍以右脚背置于左大腿上，而左脚背则置于右大腿上，成双盘坐之势。在动作之后，神志不免外晵，故须冥目静心以收摄之，待心神既定之后，即将两手移至前方，上下相向。右手在下，左手在上，掌心相合，然后用力将左掌自左而右，旋摩七十二度；再翻转两手，使右手在上，左手在下，用右掌之力，自右而左，亦用力旋摩七十二度。此时掌心热如火发，乃将两掌移贴后腰，先由外转内，旋摩七十二度；更由内转外，亦旋摩七十二度，则此段功夫毕矣。仍收回两手，做第一段趺坐之势。式如第十二图。

按：此十二段功夫，皆系坐行之法，甚不易行，且久坐伤精，为行功十八伤之一。此一段加于十一段之后，良非无故，盖恐行功之人，久坐而损伤其精，故用此一段以养其精。后腰，精之门也，精门和暖，则生气自足，更不虞其损伤矣。

易練耳。

△第十二段

行第十一段功夫既畢。則將上身拾起。而使兩足徐徐舒展。直伸于前。略事休息後。即收起兩足盤坐。仍以右脚背置于左大腿上。而左脚背則置于右大腿上。成雙盤坐之勢。在動作之後。神志不免外瞀。故須冥目靜心以收攝之。待心神既定之後。即將兩手移至前方。上下相向。右手在下。左手在上。掌心相合。然後用力將左掌自左而右。旋摩七十二度。再翻轉兩手。使右手在上。左手在下。用右掌之力。自右而左。亦用力旋摩七十二度。此時掌心熱如火發。乃將兩掌移貼後腰。先由外轉内。旋摩七十二度。更由内轉外。亦旋摩七十二度。則此段功夫畢矣。仍收回兩手。做第一段趺坐之勢。式如第十二圖。

（第十二圖）

按此十二段功夫。皆系坐行之法。甚不易行。且久坐傷精。爲行功十八傷之一。此一段加于十一段之後。良非無故。蓋恐行功之人。久坐而損傷其精。故用此一段以養其精。後腰。精之門也。精門和暖。則生氣自足。更不虞其損傷矣。

微信扫码

了解形意大家

薛颠

本书精品

- 了解薛颠
- 拳法一览

本书工具

- 拳法交流